"双减"背景下
作业设计新思维

蔡英奎　吴丹阳◎主编

世界图书出版公司

图书在版编目（CIP）数据

"双减"背景下作业设计新思维 / 蔡英奎，吴丹阳主编 . -- 北京：世界图书出版公司，2022.10
　ISBN 978-7-5192-6584-7

　Ⅰ.①双… Ⅱ.①蔡…②吴… Ⅲ.①学生作业—教学设计—小学 Ⅳ.① G622.46

中国版本图书馆 CIP 数据核字 (2022) 第 194798 号

书　　　名	"双减"背景下作业设计新思维
（汉语拼音）	"SHUANGJIAN" BEIJING XIA ZUOYE SHEJI XIN SIWEI
主　　　编	蔡英奎　吴丹阳
总　策　划	吴　迪
责 任 编 辑	王林萍
装 帧 设 计	包　莹
出 版 发 行	世界图书出版公司长春有限公司
地　　　址	吉林省长春市春城大街 789 号
邮　　　编	130062
电　　　话	0431-80787850　13894825720（发行）　0431-80787852（编辑）
网　　　址	http://www.wpcdb.com.cn
邮　　　箱	DBSJ@163.com
经　　　销	各地新华书店
印　　　刷	吉林市京源彩印厂
开　　　本	787 mm×1092 mm　1/16
印　　　张	10.5
字　　　数	125 千字
印　　　数	1—2 000
版　　　次	2022 年 10 月第 1 版　2022 年 10 月第 1 次印刷
国 际 书 号	ISBN 978-7-5192-6584-7
定　　　价	45.00 元

版权所有　翻印必究

（如有印装错误，请与出版社联系）

编委会

主　编　蔡英奎　吴丹阳

编　委　张淑娟　张　弘　田丽华　伊　然
　　　　　胡　涛　刘晓丽　刘延峰　王茗茗
　　　　　张语诗　林　阳　马　宽　刘力强
　　　　　韩　杨　王建威　苏　妍　陈　蕊
　　　　　李　莹　刘鸿雁　林　宇　陈　茉
　　　　　刘丽娇　李　晨　张仁慧　卫广薇

目录

contents

☞ 话题一　健全作业管理机制　唤起学生学习兴趣 / 1

☞ 话题二　注重作业质量　合理调控作业结构 / 19

☞ 话题三　分类明确作业总量　丰富作业类型 / 76

☞ 话题四　提高作业设计质量　践行作业分层 / 114

☞ 话题五　加强作业完成指导　减负提质 / 149

附录　《关于进一步减轻义务教育阶段学生作业负担和校外培训负担的意见》/ 151

话题一　健全作业管理机制　唤起学生学习兴趣

健全作业管理机制。学校要完善作业管理办法，加强学科组、年级组作业统筹，合理调控作业结构，确保难度不超国家课标。建立作业校内公示制度，加强质量监督。严禁给家长布置或变相布置作业，严禁要求家长检查、批改作业。

理论导航

一、培养学生作业习惯，严格教师作业管理

作业管理是学校教学工作管理的重要部分，是落实教学常规，实施课程标准，促进学生素质发展的重要环节，是面对全体学生提高教学质量的保证。

健全作业管理机制，多方协同治理指的是学校要完善作业管理办法，加强学科组、年级组作业统筹，合理调控作业结构，确保难度不超国家课标。建立作业校内公示制度，加强质量监督。具体方式如下：

1. 要加强作业完成指导

教师要充分利用课堂教学时间和课后服务时间加强学生作业指导，培养学生自主学习和时间管理能力，指导小学生基本在校内完成书面作业，初中学生在校内完成大部分书面作业。

2. 认真批改反馈作业

教师对布置的学生作业要全批全改并采取集体讲评、个别讲解等方式有针对性地及时反馈，加强对学习有困难学生的辅导帮扶，切实解决学生在学习中遇到的问题。同时不得要求学生自批自改，严禁给家长布置或变相布置作业，严禁要求家长批改作业，让作业回归到学校育人环节中来。

3. 创新作业类型方式

学校要合理布置书面作业、科学探究、体育锻炼、艺术欣赏、社会与劳动实践等不同类型作业，充分体现"五育并举"，促进学生全面发展。

《关于进一步减轻义务教育阶段学生作业负担和校外培训负担的意见》第一条　学校教育教学质量和服务水平进一步提升，作业布置更加科学合理。学校课后服务基本满足学生需要，学生学习更好回归校园，校外培训机构培训行为全面规范。学生过重作业负担和校外培训负担、家庭教育支出和家长相应精力负担1年内有效减轻，3年内成效显著，人民群众教育满意度明显提升。

第二条　学校要完善作业管理办法，加强学科组、年级组作业统筹，合理调控作业结构，确保难度不超国家课标。建立作业校内公示制度，加强质量监督。严禁给家长布置或变相布置作业，严禁要求家长检查、批改作业。

争取做到"理想的作业管理"——提高课堂效率。理想的作业管理要做到"精选、先做、全批、反馈"这八个字，这八个字的出发点全都是为了学生的发展。精选的目的是减少学生的作业量，提升作业效率；先做的目的是了解学生的作业难度，体验学生做作业时间；全批的目的是了解学生的作业水平，减少教师过多布置作业；反馈的目的是给学生进一步巩固和纠正的机会。

二、如何设计作业更能唤起学生的学习兴趣

作业体系一直是学校教学工作的一个重要组成部分，在日常教学中起着举足轻重的作用。它是一种有目的、有指导、有组织的学习活动，是学生学习情况反馈的第一手书面材料。它有助于学生对知识的巩固、深化，有益于学生技能和创造才能的发展，是提高学生素质的重要载体。

从作为教学主导的教师出发，一般而言，作业就是为了完成教学任务，让学生掌握必要的知识和能力，只要达到这个目标，学生对作业的接受程度是其次考虑的。有的教师甚至认为作业就是学生应该完成的任务，不管学生是否喜欢做。基于这样的出发点教师们设计的作业往往以干巴巴的、生硬的"面孔"呈现在学生面前。这样也就出现了学生应付了事，很难愉悦地完成作业的情况。其实在设计课外作业时如果能贯彻愉快教育，增强其趣味性，一定能唤起学生做作业的热情，让他们更主动地去完成作业。

有关调查表明，作业的一些现状仍令人担忧，具体表现在：作业现成内容较多实际编写较少；作业用于知识巩固的较多应用于实践的较少；书面作业较多口头作业较少；统一布置的较多自由选择的较少；独立完成的较多合作完成的较少。这样的作业形式呆板，内容枯燥，挫伤了学

生的学习积极性，影响了教学质量的提高，导致作业的实效性差，同时也不利于学生学科素质和综合素质的培养。

因此，为了唤起学生的学习兴趣，作业设计要摆脱机械、枯燥、烦琐的死记硬背、无价值的练习。作业题型要做到趣味性与新颖性相结合。

（一）注重趣味性

1.朗读作业

（1）朗读录音。

每个星期都布置一份朗读录音的作业，要求学生录入一篇课文，星期一带到学校利用早自修和午休播放给同学听。然后评选出"最佳播音员"，这样，学生在家每天就要坚持练习10分钟的朗读。这种练习既提高了学生的朗读能力，同时也培养了学生做事持之以恒的良好品质。

（2）配乐朗读。

这一类作业根据课文内容而定，如学习冰心的《荷叶母亲》可以布置这样的家庭作业："回家后为《荷叶母亲》选配乐曲，明天我们举行一次配乐朗读比赛，看看谁选的曲子最恰当谁的朗读最动听。"第二天的朗读会上舒缓的《水边的阿狄丽娜》、轻快的《神秘园之歌》……一段段美妙的音乐加上学生声情并茂的朗读把同学们带到了如诗如画的世界。

这样的训练既培养了学生的审美能力又激发了学生对母亲真切的爱。

2.绘画作业

绘画作业特别适合在学习写景课文时采用，既可提高学生学习的兴趣，又可增强学生对课文的理解能力，同时也能充分发挥学生绘画的能力，和想象设计的能力。比如学完《爱莲说》，可以让学生画一画莲花，感受莲花的超然风姿。又如在教学古诗《望岳》时布置让学生根据泰山的图片和对诗的理解画一幅画的家庭作业，第二天上课时将同学们的画作展示出来，这不仅能提高学生学习古诗的热情，更能加深学生对诗意的理解。

3. 手工作业

动手做小制作和小实验不仅有利于提高学生的创造性技能，还有利于加深他们对所学知识的理解。在学习一些科学性较强的课文时可以布置小制作和小实验的作业。如在教学《看云识天气》时布置这样的作业：利用周末时间拍摄每天不同时刻的云的照片，结合课文内容说一说自己拍到的云彩是哪种类型又对应哪种天气。学生通过观察实践，对课文内容有了更加直观的印象和深入的理解，形成了"实践出真知"的良好习惯，同时培养了学生对科学研究的兴趣。

4. 想象作业

想象能够增强学生学习的主动性，发挥学生学习的创造性。新大纲指出：要鼓励学生写想象中的事物，激发他们展开想象和幻想发挥自己的创造性。因此，在布置家庭作业时，应根据教材的特点，注重布置相应的想象写话的练习，以拓展学生的想象空间，增强和丰富他们的想象力，进而促进学生创造性思维的发展。如学了《皇帝的新装》后，可让学生续写皇帝回到皇宫后会怎么想怎么做。通过做这样的想象作业，让学生有常做常新之感，所以完成作业的积极性都非常高，质量也就有了一定的保障。

5. 表演作业

在学习了一些故事性较强、情节适合表演的课文时为了使学生在理解课文内容的过程中受到启发教育可布置这样的作业：请同学们自由组合自选角色表演课文剧。如：在学了《木兰诗》之后，可让同学们进行分组排练，有扮演花木兰的，有扮演可汗的，有扮演同行伙伴的。学生们兴趣盎然，会积极参与，每个扮演者都会很努力地去刻画故事中的人物形象，把人物的言、行、神演绎得惟妙惟肖。应该说不仅能很好地完成作业而且在扮演的过程中还能学会合作、分工，加深对课文内容的理解，潜移默化地感受到学习的快乐，体验到成功的喜悦。

事实上在日常生活中有非常丰富的资源可以利用，只要教师能留意生活中发生的事情，在课堂上、在布置的作业中吸收进去，使学生在快乐中完成作业，在快乐中接受新知识，这不论是对学生的身心健康成长还是知识的获得都是很有好处的。

（二）注意弹性

弹性作业是指教师针对不同类型的学生布置不同难度、不同数量的作业，真正做到因人而异、因地制宜，努力使全体学生都得到不同程度的发展和提高。另一方面学生也可以根据个人的实际情况以及自己对学习内容的掌握程度在作业的时间、内容、数量、评价等方面享有一定的自主权和选择权。

请看下面作业的设计。

1. 作业内容：预习部编版教材七年级下册第六单元文言文《河中石兽》。

2. 作业要求及方式

（1）初读与质疑。

运用做标注的读书方法将课下注释的词语解释标记在课文中并理解该句子的意思。

（2）学习与积累。

查阅古汉语字典，明确文中重点的或生僻的词语的多种意思，积累下来并结合文句的意思选择最恰当的解释。

（3）收集与延伸。

运用查找资料的方法搜集有关作者的文学常识，了解纪在我国历史上起到的重要作用。

3. 完成时间：5月28日—30日。

作业情况记载：

第1题：学生每人都能将书下注释标记在句子中并较为熟练地翻译句子。

第2题：学生完成的程度不一，积累的重点词语有多有少，但能看出学生都认真地进行查找。

第3题：学生们的搜集渠道虽然不同，资料也是有详有略，但都很真实，能够从名、时、地、评、作多个角度来整理资料。

弹性作业设计要注重时间、作业量、作业评价等方面。

一定的作业量是学生巩固知识和提高能力的必要途径，但量的多少是因人而异的。例如背书有的同学只要读几遍就记住了，而有的同学却需要读几十遍，教师大可不必强行让学生一律背多少遍。让学生积累词语有的教师通常想到的最有效的方式是抄写，而且往往统一要求抄写几遍。其实布置这类作业不必提这样的要求，看几遍、读几遍、抄几遍全由学生根据个人的实际情况自己确定。究竟抄几遍就能完全记住呢？教师可以帮助学生制定一套较为合理的测试方法：一般的生词第一次先抄4遍，按照遗忘曲线规律一天后、一周后、一个月后听写正确率分别达到95%、90%、80%以上就是最佳抄写遍数，达不到则不断提高抄写遍数，连续三次达到以上指标则可以减少抄写遍数。一个月下来全班学生都能找到自己最合理的抄写生字的遍数。虽然从0遍至9遍不等，但由于是学生根据自己的实际状况确定的所以都乐于接受。例如：在学《伟大的悲剧》时由于生词量大且难易程度不一致，所以教师可要求学生根据自己的实际情况自己安排抄写的遍数，事后专门对全体学生进行生字检测和练习次数的调查。学生自己确定作业量（抄写的遍数）对于知识的现固是极为有效的，能从一定程度上提高学生写作业的积极性。

（三）注重发展性

发展性作业能拓展学生的学习空间。发展性作业主张学生走向社会、走向生活、走向自然，着眼于学生能力的提升和习惯的养成。有别于传统作业的简单低效与被动复制。发展性作业在强化听、说、读、写等基本技能的同时，更注重学生的主动实践、独立思考、积极探究与合理表现。

促进个性和谐发展。发展性作业注重让学生在作业中释放自我潜能，体验到努力后的满足、愉悦与自信，获得个性的和谐发展。

对应不同的视角，发展性作业的类型表现出鲜明的丰富性与层次性，同时也生成了如下几种新型模式：

1. 信息集成

信息集成即围绕专题收集整理信息。首先要利用图书馆、阅览室、网络等渠道广泛涉猎。其次要对已有信息材料进行加工处理,在去粗取精、去伪存真筛选的基础上精心设计、物化形式表达、传递信息。

如学习《绿色的蝈蝈》一课时教师可鼓励学生在课外广泛阅读了解更多的蝈蝈种类与特点,收集关于古代人们喜欢斗蝈蝈的材料,而后组合材料续写课文。学习《太空一日》一课时教师可布置一道"做不完"的开放题:鼓励学生在课外收集航天知识填写"人们根据( )发明了( )"。在这种信息集成式作业完成过程中,学生时刻处于"大语文"的学习状态,视界得到了有效开拓,信息处理能力得到了有效提高。

再如期末复习阶段为了帮助学生更好地将整册教材内容融会贯通,教师可设计评选"教材之最"的作业,让学生以全教材课文为范围从各个侧面选出自己认定的最为恰当的篇目并写出入选意见。

请看一位同学完成的作业:

最令我敬佩的一个人——闻一多

作为学者他全神贯注、废寝忘食、呕心沥血,凝聚数年心血完成文学巨著;作为革命家他言行一致、满怀大志、大勇无畏、昂首挺胸面对生死难关。他是语言的巨人,他是行动的高标。

最让我流连的一处风景——关东原野

我的故乡是那广袤的关东原野,这里有肥沃的土地,美丽的景色,勤劳的人民。我向她发誓我定为她贡献毕生的力量!

最打动人的一个故事——邓稼先与"两弹一星"

每一项科学研究的背后都凝聚了科学家无数的心血和汗水,在戈壁在沙漠他带领下属克服重重困难,终让中国重新昂首于世界民族之林。世界在变化,可还有人记得他当年的卓越功勋。

2. 主题创意

主题创意即给学生一定的建设性主题，让学生按照各自的理解充分发挥个性特长，自由完成对主题的演绎。这一类作业最为自由，上下几千年纵横数万里任凭学生展开想象尽情调配。

学完《古代诗歌五首》后教师可布置这样的作业：中华文化博大精深，五千年的文明给我们留下了巨大的精神宝典，诵读中华经典诗文可以加深我们对民族精神和优秀传统文化的理解，在诵读中亲近中华经典，在亲近中接受中国文化，在热爱中弘扬中华文明。对于传承经典同学们有哪些想法呢？

请看一位同学课后设计的采访作业：

品读诗词 传承经典

王欣蕊

小记者：同学你好，请问你喜欢阅读经典吗？为什么？

学生甲：喜欢。因为古往今来的文化精神、人格理想和思想艺术大都蕴含在经典作品之中。

小记者：那你更喜欢阅读诗文经典还是历史典籍呢？

学生甲：我更喜欢历史典籍，因为阅读历史时不仅能获取历史知识，更重要的是掌握历史学看问题的方法，从而使之转变成改造世界的现实力量。

学生乙：我喜欢诗文经典，感受诗词的美和韵律，体味诗人的情感。

小记者：你们在阅读经典时会采取怎样的阅读方法呢？

学生甲：首先要有认真的态度，然后多思考经典中的内容和道理。

学生乙：诗词要有感情地诵读出来，不理解的圈画出来询问老师。

小记者：你对"如何才能在学校更好地宣传古代诗词文化"这一问题有什么好的建议吗？

学生甲：我认为可以在走廊中放置宣传展板让同学们更好地品读诗词文化。

学生乙：学校定期举办咏古怀诗的活动，让诗词文化得到更好的传承。

用心灵感受经典，让诗词文化滋养灵魂。品读诗词传承经典文化，积累底蕴，修身明理，洞悉人生。这样我们的精神世界就能领悟时代使命并笃行之。

3. 观察体验

苏霍姆林斯基说过："观察对于儿童之必不可少，正如阳光、空气、水分对于植物之必不可少一样。"儿童通过观察得以摄取信息，积累表象，获取体验。

教师可要求学生勤于体察生活，做好生活笔记。日月星辰、鸟兽虫鱼、风雨雷电、凡人小事都是良好的材料。教师还可要求学生观看影视作品、阅读报刊。教师可将收看《中华好诗词》节目作为固定作业。诗、乐、画的形象互译使学生获得多重体验，在潜移默化中受到中华文化的浸染。参观游览也是观察体验的重要内容。流连书画展会感受到汉隶唐楷的风骨；徜徉山水间则领略着自然与人的和谐。这些无不作用于学生的心灵，生成丰厚的积淀。

4. 实践操作

这类作业有助于把学与用结合起来。

实践操作有时是对课本知识的验证，如生物学科学习"生物的生殖发育"时可以推荐学生去养鸡场参观；有时是多种素质的综合训练，如政治学科学"法律伴我成长"时可以举办采访等活动，让学生谈谈自己对法律的认识。这些实践可以促进学生更深入地掌握知识。

5. 思辨内省

这是一种深刻的内心活动，需要动用学生全部的智慧。它的完成有时可能是一种直觉，多数情况下是冥思后的结晶。结论常因个体思维品质、价值取向、情绪体验、已有经验等的差异而表现出多元化。

例如，讲解习题《勇敢追求真正的美》一文教师可引导学生思考：世界上的事物有的因为美丽而可爱，有的因为可爱而美丽。我们怎样正确地追求外在美和内在美？

6. 视角转换

在深入领会课文内容的前提下，提取相关信息转换视角进行表述。这既能有效地帮助学生对课文语言的积累内化，又能培养学生多角度思考的能力。譬如学习《老王》一课，教师可让学生书写《有这样一位老人》；学习《黄河颂》教师可让学生写作《校园颂》；学习《驿路梨花》一课，学生被雷锋精神感染，一位同学发现文章题目有一语双关之意，别出心裁地以"梨"和"离"谐音写了一篇短文。

永不分离

张婧涵

暮春时节梨花开得正是明艳，在挺拔而不失秀美的梨树上刻着我最纯真、美好的独家记忆。

"乖孙女又长高了，很快就是大姑娘了。"外公笑着对我说并拿起小刀在梨树上刻下痕迹。些许木屑落在我的头上，外公用他布满茧子的大手轻拂去我头上的木屑并摘了一朵最洁白的梨花轻插在我的耳边。我扬起脸露出一个大大的笑容。那时我正是最天真幼稚的年纪，外公每年都会在梨树上刻下我的身高。这株梨树栽在外公家的后院，据说是在外公年幼时种下的。女孩子天性爱美，我也不免总会折一朵梨花戴在头上，穿着粉的公主裙在梨花树下和外公度过我的童年时光。如此看来这梨树结的果子甜不甜却不重要了，倒也有些本末倒置了。

如今我再度回到外公的后院探望那林梨树，它依然那么香那么美。此时的我已是少女，当我的手轻抚那些刻痕回忆起外公还在人世的日子，不觉心中酸涩。起风了吹落几朵梨花，恍惚间看见年幼的我仍站在梨花树下，外公仍然为我拂去头上的木屑。眼角含泪的我不由地笑了，绽放出一个大大的笑容，泪水已悄然落下。时光交错梨花已谢，一双少女的手和一双肉的小手重合握住外公的手。天人永隔又如何，我与外公的心永不会分离。

风停了，我转身离开梨树，沉默不语。

吾曾栽一梨树于囿，今已亭亭盖矣。今吾长辞于世，只见吾家有女初长成，亭亭玉立只道是："许以其心永不离。"

典型案例

【案例一】落实"双减"促提升　制度管理稳军心

安耀伟

河南省平顶山市新华区实验小学（以下简称"实验小学"）在"双减"背景下打造了适合校情的"双减"和"五项管理"工作自查体系，有效地检测"双减"工作成效，做好减负、提质、增效"加减法"，答好"双减"考卷，切实落实了立德树人根本任务，促进"五育并举"努力办好人民满意的教育。

一、稳定组织保障

实验小学高度重视"双减"成效，将"双减"工作和"五项管理"工作纳入整体规划，制定工作计划和工作方案，精准掌握进度，及时总结经验，发现工作亮点，查找存在问题，提出意见建议，做到了有检查、有总结。

1. 建立机制夯实责任

由校长任"双减"工作和"五项管理"工作领导小组组长，下设综合组、作业管理组、课后服务组、课堂教学改革组、教师有偿补课治理组、宣传和舆情管控组六个专项工作组负责宣传、落实"双减"和"五项管理"工作政策，加强教学环节与作业改革的统筹，实施营造良好的社会舆论环境。

2. 制定制度网格化管理

坚决落实校长负责制、"双减"工作和"五项管理"工作课时安排制度、"双减"工作和"五项管理"工作教师惩戒制度、课后延时制度等，将工作分成具体的点进行网格化管理。除了领导层面还建立任课教师负责制度，学科教师蹲点本班，教学及作业工作做到了分工明确、职责到位。

二、健全作业管理机制

作业减负提质是"双减"的重要任务，为此实验小学不断健全作业管理制度，探索有效减负、提高教学质量的良策。

1. 健全作业管理机制

让制度严格把关，规范一切教育行为。在实践中跟进常规检查设立了作业管理组；学校组织多维立体化督查，建立由教导处、班主任、学生、家长组成的多层面的立体作业督查制度。

2. 严控书面作业总量

与全体教师签订承诺书，坚决执行一、二年级不布置书面家庭作业，三至六年级家庭作业完成时间不超过60分钟，周末、寒暑假、法定节假日控制书面作业时间总量。各年级由教研组长负责严控作业量，每周一次组内备课活动，集体讨论并提前预设作业的内容。

3. 科学合理布置作业

实验小学教师将"'双减'政策下作业设计"作为教研主题先后从"作业观""作业内容""作业形式""作业指导""作业评价"五方面进行了深入学习与研讨，从"改课堂评判标准，促进深度学习发生""树立'五要'作业设计理念""立足学情分层设计"三个维度实现了教学改革与创新。

加强作业完成指导。做作业可以提高学习积极性，也是知识被内化的重要一环。实验小学教师对学生作业全批全改，及时做好反馈，加强面批讲解，认真分析学情，做好答疑辅导。

三、抓实课后服务质量

为确保"双减"政策实施，实验小学对课后服务时间、课后服务质量、课后服务条件都有严格的要求。

1. 保证课后服务时间

根据学校情况，遵循自愿参加的原则，向家长发放了1900多份《实验小学课后服务告家长书》用于征求家长意见。还制定了《实验小学课后延时工作方案》和《实验小学课后延时作息时间表》，严格把控在校学习时间。

2. 提高课后服务质量

坚持"利他性"原则，学生留校时间可由家长灵活选择时长；学校注重课后延时的课程开发与设置，创设灵活高效的菜单式课程，开发了三大类24门相关课程，从不同程度满足学生的不同需求。

3. 保障学校课后服务条件

学校配齐配足了课后服务教师，制定《实验小学课后延时服务教师考评办法》；建立经费保障机制制定《实验小学课后延时服务经费来源及分配办法》。

四、坚决落实"五项管理"

除作业管理有章可循外学校对学生的睡眠质量、手机使用、读物类型等都有严格的管理办法和监控手段。

1. 睡眠管理抓监测

严格执行小学上午上课不早于8点20分；每学期以各种形式告知并督促家长保证学生按时就寝；建立学生睡眠状况监测机制；教师根据实际情况调整作业量；结合延时服务对不能按时完成作业的学生进行有针对性的帮助和辅导。

2. 手机管理抓严控

建立《实验小学学生手机管理制度》做到"四不"：学生手机不得带入课堂、特殊情况不申请不得将手机带入校园、严格执行不得用手机布置作业、不得要求学生利用手机完成作业。

3. 读物管理抓管控

学期初与教师签订承诺书禁止在校园内销售课外读物、强制或变相强制学生购买课外读物的行为。杜绝一切通过举办讲座、培训等活动在校园内销售课外读物的现象。

4. 体质管理抓实效

严格按照国家规定开足开齐体育与健康课程，落实大课间体育活动及每天锻炼1小时制度。除此之外坚持组织每天上、下午各做一次眼保健操，每学期安排两次全覆盖视力筛查。面向全体学生落实学生体质健康抽测复核制度，每学年都安排学生健康体质测试，建立学生体质健康档案。

摘自《中国教育报》

【案例二】转变作业观念，作业管理机制化

一、双轨合力

学校扎实落实"双减"政策，构建作业管理新机制，实行双轨管理模式。一是学校层面的行政组管理，二是教研组自主的立体管理。作业管理构建决策层、执行层两个层面条块相间的纵向和横向管理构架，有效落实作业管理要求，增强学校管理效能。

二、点状发力

学校依据区教育局关于作业管理的工作要求，制定学校作业管理实施方案和作业管理细则，并建立作业公示制度，提出"四个一"要求，即一日一公示，一周一备案，一月一研讨，一季一调研。

1. 一日一公示

每天下午第二节课前各年级组长对年级当日所有学科作业内容进行统筹与协调。严控作业量，调剂作业种类并将作业内容在学校公示，栏醒目位置进行公示，以接受学生、家长与社会各界的监督。

2. 一周一备案

年级组在每周末向教导处提交下一周作业预案表并结合教学实际情况每天对书面作业进行动态备案，教导处对作业备案进行审核。

3. 一月一研讨

各教研组每月开展一次作业教学研究活动，对学生作业科学、合理、有效布置进行具体探讨，提高教师作业设计专业度，引领和指导学校教师规范作业教学行为。

4. 一季一调研

学校以家委会为纽带每季度通过班队会、家长会、作业成果展等活动对学生和家长进行作业情况调研，密切家校沟通。

话题二　注重作业质量　合理调控作业结构

理论导航

一、精减作业　有效分层　作业分层　精准高效

作业题目注意层次性（根据本班学生的程度，作业情况因人而异，分层管理）、科学性（题目严谨、表述准确、过程明晰、操作有据、不偏不怪、符合标准）、发散性（题目整合、思维多元、题型灵活、多向培养）、实践性（联系实际、关注生活、注重积累、广泛应用、智能结合、广域发展）、系统性（题目要注重知识间的联系、新旧知识的结合、知识的延续与再生、能力培养的连贯衔接）达到知识与能力，过程与方法，情感态度与价值观的协调发展。

语文作业布置要丰富多彩，融趣味性实践性展示性为一体，全面培养学生学习能力和语文素养。"双减"内涵要"减"简单的、重复操练的作业，要"增"创新性、开放性、实践性的作业。有老师将作业分为三类：专题型作业、想象型作业、实践型作业。一份好的作业既要体现作业的一般作用和功能，更要注重学生主体作用的发挥，尊重学生个体差异，应该成为拓展学生认识渠道、提升素养的平台。

二、明确作业动因　作业结构系统化

1."学科＋基础"的常规类作业

各教研组根据学段要求、学科特点及学生实际需要和完成能力优化基础类作业，量上精选质上甄选，体现科学性、主体性、多样性和发展性原则。教师对所布置的作业及时批改、及时反馈、及时复批。

2."学科＋能力"的分层类作业

（1）常作业——弹性孵化作业新品质。

开设作业超市。各教研组深研细磨作业内容，设计不同梯度的作业超市，每个学生根据自己的学习能力选择适合自己的"菜单"，充分尊重学生的学习过程和结果，培养学生的学习自信，激活学生学习的可持续力。

语文六年级上册第一单元"作业超市"内容

	草原	丁香结	古诗词三首	花之歌
夯实基础	1.熟读课文，听写本课的词语。 2.完成本课语文作业本中的1、2、3题。	1.熟读课文，听写本课的词语。 2.完成本课语文作业本中的2、3、4题。	1.熟读古诗并背诵。 2.完成本课语文作业本中的2、3、4题。	1.熟读课文，抄写本课中的四字词语。 2.完成本课语文作业本中的1、2、3题。

能力提升	1.完成本课语文作业本中第4、5题。 2.本课是篇文质兼美的散文，你认为课文哪些语句很好，请和小伙伴交流交流并把它写在自己的收获本上。 3.小练笔："蒙汉情深何忍别，天涯碧草话斜阳"生活中你也有过与人惜别的经历吧！请把它写下来。（200字左右）	1.完成本课语文作业本中第1、5题。 2.本课是篇文质兼美的散文，你认为课文哪些语句很好，请和小伙伴交流交流并把它写在自己的收获本上。 3.小练笔：仿照课文的写法用一段话写写自己喜欢的一种植物。（200字左右）	1.完成本课语文作业本中第1、5题。 2.本课是三首写景抒情古诗，在能背诵的前提下进行默写。 3.小练笔："七八个星天外，两三点雨山前。旧时茅店社林边，路转溪桥忽见"给人们展示了一幅怎样的画面？使用简洁优美的语言进行描绘。(100字左右)	1.完成本课语文作业本中第4、5题。 2.本课是篇文质兼美的散文诗，你认为课文哪些语句很好，请和小伙伴交流交流并把它写在自己的收获本上。 3.小练笔：仿照课文运用奇特的想象以及拟人、排比等修辞手法，发挥想象写2节《树之歌》吧！

课外阅读	阅读老舍的另一篇写景散文《塞上一颗珍珠》以及席慕蓉的《夏日草原》，如果能做一下读书笔记那就更好了。	阅读宗璞的《红豆》《弦上的梦》或者其他给人以启发的作品，如果能写写读书笔记就更好了。	可以试着背诵王维的《鸟鸣涧》，查慎行的《舟夜书所见》等借景抒情的古诗，要是能够默写就更厉害了。	阅读纪伯伦的《浪之歌》《雨之歌》或者《组歌》中的其他文质兼美的散文诗并试着写写读后的感受。

（2）长作业——坚持输入作业新态度。

语文学科坚持每天读书打卡、日记长跑；数学学科的口算长跑；英语学科趣配音等。盯住一项兴趣爱好坚持不懈，每日打卡让孩子们在坚持中培养好习惯、好毅力。

（3）尝作业——综合尝试作业新境界。

学习完一个单元通过画思维导图进行知识梳理；通过做手抄报把知识进行综合运用；通过错题本帮助学生复习旧知；还有美术学科的泥塑、树叶贴画；体育学科的武术操、啦啦操等作业这些带有游戏性质又具有挑战性的作业，在书本知识与生活实际之间架起一座桥梁，让学生把课外作业作为一项自己需要的、乐意的事情去做，在减轻学生课业负担的同时，全面提升了学生的综合素质。

典型案例

【案例一】学科：英语

聚焦"双减"提质 助力课堂增效
绿园区小学作业设计与评价典型案例

学科	英语	学校	绿园小学	姓名	刘丽娇
年级	五年级	教材版本	外研一起点	作业名称	M1U1: She was a driver before.
教材链接	外研版一起点五年级下册 M1U1:She was a driver before. 本节课的内容是谈论过去和现在所从事的职业及所做的事情，用一般过去式和一般现在时进行询问和回答。 1.单词：drive drove flute player fish 2.句型：What did she do? She was a driver before. She played Chinese music.				
作业类型	课时作业				
作业目标	作业是学生学习的基础，同时也见证了学生的进步和成长。有效的作业并非仅仅是让学生掌握基本的知识，检测学生学习的效果，而是能够在掌握基本知识的基础上能够对某一个学科产生更广泛的兴趣。同时，有效的作业也不是一味地一成不变和墨守成规。看似枯燥乏味的作业其实也可以充满童真、童趣。本课时的作业目标是让学生能够听、说、认读单词"drive drove flute player fish"，能够在情景中运用句型"—What did she do?—She was a driver before."询问并回答职业。下面以 Unit1 She was a driver before Part1 Read and Listen 为例进行作业设计。				

[基础性作业]（必做）

一、根据图片及首字母提示补全单词。

f_____　　p____　　o_____　　d_____　　f_____

二、选择填空。

(　　) 1. He worked in_____ office.

A.a　　B.an　　C./

(　　) 2. —_____ is he? —He's my grandpa.

A.What　　B. Who　　C. How

(　　) 3. My sister _____ in a shop.

A. work　　B. works　　C. working

(　　) 4. What music did she _____?

A. play　　B. played　　C. playing

( ) 5. What did she do? —She _____ a driver before.

A. Is   B. was   C. were

[拓展性作业]（选做）

一、句型转换。请按要求转换下列句子。

1. works, my father, an, in, office（.）（连词成句）

_____

2. I can play the flute.（变一般疑问句）

_____ _____ play the flute?

3. music Chinese she played（.）（连词成句）

_____

4. She was a driver before.（改成否定句）

She _____ a driver before.

5. She drove a bus.（就画线部分提问）

_____ _____ she _____?

二、阅读理解。

There are four people in my family. They are my parents, my brother and me.

My father is a doctor. He works in a hospital. He doesn't like watching TV, but he likes reading books every evening. My mother is a waitress. She works in a restaurant. She likes eating vegetables and drinking milk every day. She likes dancing. She says dancing is good for her to keep young. My brother is a student. We are a happy family.

判读下列句子是否正确正确，写（T）、错误写（F）。

( ) 1. There are five people in my family.

( ) 2. My father works in a hospital.

( ) 3. My mother works in an office.

( ) 4. My brother is a student.

( ) 5. We are a happy family.

设计意图及评价路径	孩子们的个体差异较大，基础不一，为了让所有孩子都能得到自身最好的发展，故布置了分层作业。 看图写单词学生们可以通过单词练习加强对重点单词的认识。 选择填空通过选择帮助学生进一步理解和巩固本课的核心句型。 句型转换通过句子的转换让学生们掌握核心句子的句型转换，针对基础较好的同学加深对语法的运用。 阅读理解通过阅读短文来训练学生的阅读理解能力和关键信息提取能力。

【案例二】学科：数学

◆教材链接

北京师范大学出版社　六年级第一学期第三单元

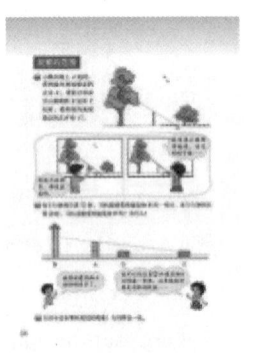

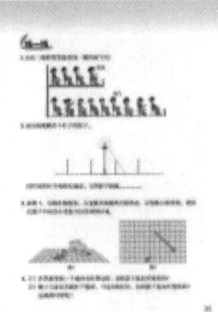

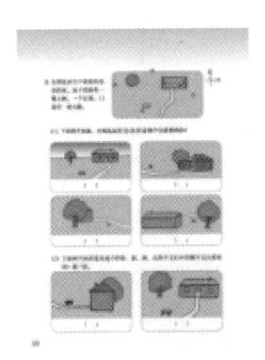

◆作业类型

单元作业

◆学习平台

QQ作业，微信

◆教材分析

1. 教材分析

在以前的学习中，学生已经学习了从三个方向观察由3、4个小正方体搭成的立体图形。本单元的内容可以分为三部分：从三个方向观察由5个或5个以上的小正方体搭成的立体图形；感受从不同位置观察物体观察范围的变化；能根据提供的一组照片辨别从不同位置观察到物体的范围或形状。本单元主要通过三个活动引导学生展开学习：搭积木比赛、观察的范围、天安门广场。

2. 学情分析

学生在以前的学习中已经体验到从不同的位置观察物体所看到的形状可能是不同的，体会到最多能看到物体的三个面并能直观辨认从正面、侧面、上面观察到的简单物体（不多于4个小正方体的组合）的形状，对从不同位置观察到的物体的范围的不同也有了一定的认识，具有了一定的空间观念和表述能力。

◆作业目标

1. 能正确辨认从不同方向（正面、侧面、上面）观察到的立体图形（5个小正方形组合）的形状并画出草图。

2. 能根据给定的两个方向观察到的平面图形的形状确定搭成这个立体图形所需要的立方体的数量范围。

◆作业内容

[基础性作业]

1. 请画出立体图形从正面、上面、左面看到的形状。

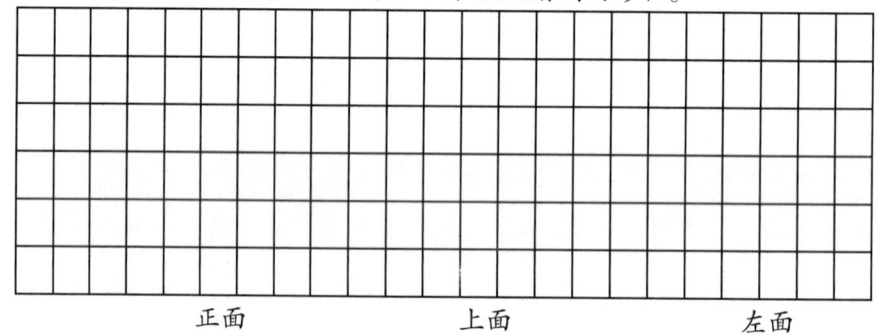

正面　　　　　上面　　　　　左面

（设计意图：通过三维的立体图形想象到二维的平面图形，培养学生的空间想象力。）

2. 图中已经画出了小树的影子，你能画出大树在路灯下的影子吗？

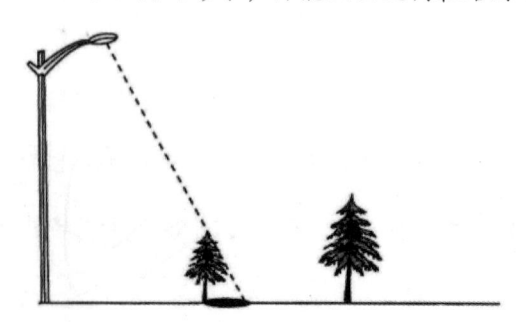

（设计意图：通过练习走进实际生活，研究我们身边的数学，在进行巩固练习的同时渗透"生活中处处有数学"，培养学生主动观察、解决数学问题的能力。）

3.下面的照片是从空中看到小华家房子的周围有一个凉亭和一棵树。下面四个画面分别是站在①②③④哪个位置看到的？

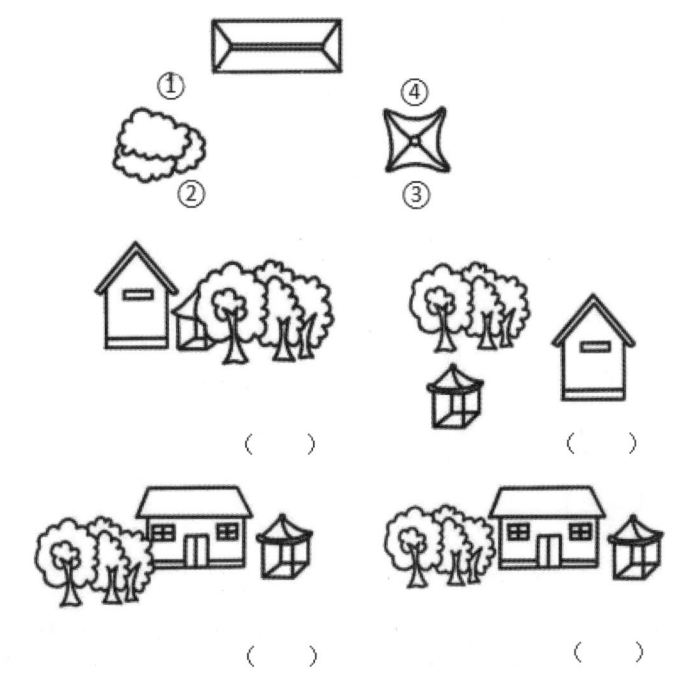

（设计意图：引导学生找到不同位置与看到图片之间对应关系的方法。可以假设自己站在拍摄地点，根据照片中的景物特点，联系生活经验进行判断。体会拍摄地点不同拍摄到的景象就不同。）

[提升性作业]

1.一个立体图形从上面看到的形状是 ▢▢，从正面看到的形状是 ▢▢▢，搭这样的立体图形最多需要多少个小正方体？最少需要多少个小正方体？

（设计意图：在利用平面图形去搭立体图形的过程中，引导学生按照一定的顺序与方法来解决问题。）

2.如图有一辆小汽车在平坦的大路上行驶，前方有两座建筑物。

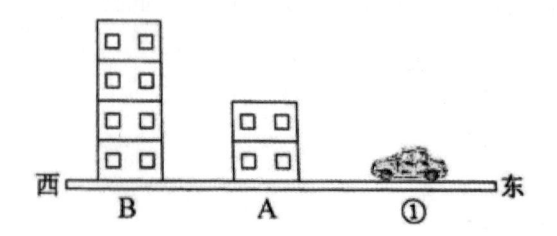

当小汽车行驶到位置①时司机只能看到_____，如果想看到另一个建筑物司机应把小汽车往____开。

（设计意图：引导学生将生活经验和数学知识紧密联系，发展学生的抽象概括能力和解决问题的能力，并让学生感受到数学的应用价值。）

[选择性作业]

下面的照片是从空中看到的小白兔家房前有一棵大树和一个石凳，门前还有一条小路。大灰狼来到房子的后面，它围着房子逆时针转圈。你能将下面的图片按照它的行走顺序排列起来吗？

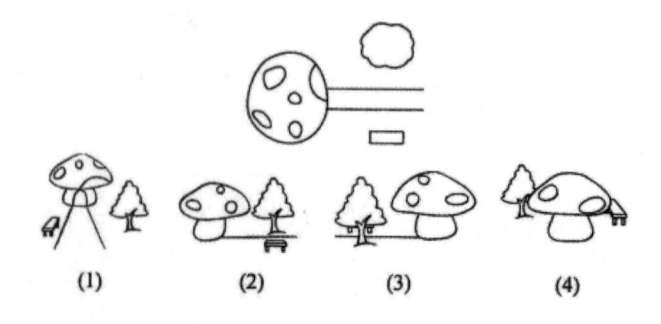

（设计意图：在运动中判断照片的先后顺序，引导学生注意位置的变化会引起观察角度和观察范围的变化。判断照片的先后顺序，要假设自己在给定的情境中根据图片中景物的远近、大小、相对位置等因素进行判断。）

◆评价策略

1.利用微信小程序（电子表彰奖状）对作业优秀的学生及时激励表扬，增强其学习自信。

2.对学有困难的学生利用QQ作业讲评的语音讲解进行单独的讲解和答疑辅导。

3.利用QQ作业的模范作业展示优秀作业，促进学生的相互交流与学习。

4.利用微信班级群和小组群让小组成员进行学习交流和讨论。

5.不定期对学生和家长进行学校教学和作业量布置等方面的微信问卷调查，征求各方意见。

【案例三】学科：数学

设计者基本信息		
姓名	陈蕊	联系电话	15734440753
区域	长春市绿园区	学校	绿园小学
年级	一年级	教材版本	教育部组织编写（北京师范大学出版社）

◆教材链接

教育部组织编写（北京师范大学出版社）一年级第二学期

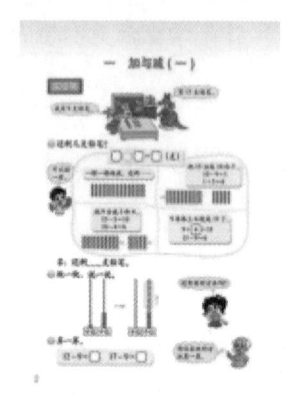

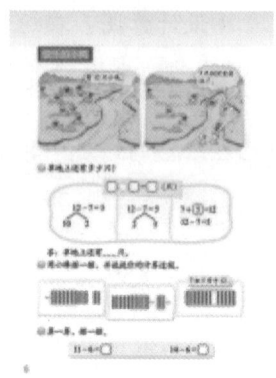

◆作业类型

单元作业

◆学习方式

作业任务单

◆教材分析

1. 教材分析

20以内的退位减法是第二册第一单元的内容，也是学生学习本册的重难点之一。它与20以内的进位加法同等重要都是最基础的知识。因此学生学习这部分内容时必须在理解算理的基础上学会计算方法并通过合理的练习达到一定的熟练程度，切实为以后学习打好基础。学会计算并运用于生活中解决问题对理解运算的意义，体会数学的作用和逐步提高解决问题的能力是十分有益的。

2. 学情分析

学生经过10以内数的加减法和20以内数的进位加法、不退位减法的学习，不但掌握了相关的计算方法，而且积累了大量的关于数的合成与分解的知识，这就为学习20以内数的退位减法打好了基础，20以内数的加减法又是进一步学习多位数加减运算与乘除运算的。因此要让学生在理解运算道理的基础上掌握运算方法以达到一定的熟练程度。

通过一年级上册的学习学生对减法的意义已经有所体会并且知道从整体中去掉一部分求剩下的部分可以用减法计算。在此基础上本单元通过设计学生熟悉的生活情境帮学生体会比较两个量的多少也可以用减法计算，丰富对减法意义的认识。

◆作业目标

1.通过"说算理"加深理解20以内的退位减法计算方法，"讲故事""计算大作战"等多种形式提高20以内退位减法的口算能力和正确率，培养学生的表达能力，"涂色计算"加强20以内加减法的练习，提高学生的专注力和运算能力。

2.通过多种表征方式之间的相互转化帮助学生理解算理。

3.设计内容丰富、形式多样的练习，提高学生的计算能力。

4.通过阅读绘本故事，体会数学与生活的联系，感受数学的应用价值，培养初步的数学应用意识。

◆作业内容

[基础性作业]

1.说算理总结发现的规律

例如十几减9可以让孩子任意举例，可以说一说15-9的方法："看减法想加法"9+6=15，15-9=6；"破十法"10-9=1，1+5=6；"平十法"15-5=10，10-4=6。继续说11，12，13，14，15，16，17，18减9发现十几减9是几加1。继续说十几减8，7，6，5，4，3，2。总结出：

十几减9是几加1；

十几减8是几加2；

十几减7是几加3；

十几减6是几加4；

十几减5是几加5；

十几减4是几加6；

十几减3是几加7；

十几减2是几加8；

（设计意图：巩固前面学习到的计算方法，初步培养学生用数学的语言表达世界的能力，让学生进一步理解20以内的退位减法的计算，发展学生对算理的理解并能够应用到20以内的退位减法中，逐步达到熟练准确的口算。）

2. 说故事

口述创编解决问题的题目。（如：我有13支铅笔，送给小丽5支铅笔，我现在还有几支铅笔？用减法计算列式为13-5=8（支）。）

（设计意图：创编题目让学生将数学知识与生活中发生的事情紧密联系，将数学应用到生活中，加深理解20以内的退位减法的计算并用数学的语言进行表达，提高20以内加减法的运算能力和学生计算的熟练程度。）

3. 涂色计算

按照算式的得数进行涂色。

（设计意图：熟练掌握20以内加减法，培养孩子的动手操作能力、色彩能力和专注力。）

4. 口算大作战

准备 20 以内的口算题卡，先随机抽取加法的题卡，让孩子快速计算说出答案；再随机抽取减法的题卡，让孩子快速计算说出答案；最后再随机抽取得数让孩子比较得数的大小，快速说出答案。

（设计意图：提高学生的速算能力和准确率，培养学生比较大小和观察事物的能力。）

5. 数学绘本

阅读绘本故事《熄灯时间到》。（20 以内退位减法）

（设计意图：让学生用数学的眼光观察世界与生活中紧密联系的知识，培养学生的记忆能力和思维能力。）

[拓展性作业]（选做）

1. 巧填数阵

在圆圈里填上合适的数使每条横线上的三个数相加的和等于正方形中的数。

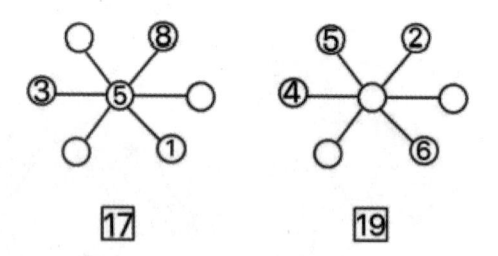

（设计意图：利用 20 以内加减法的计算经验进行计算，锻炼孩子的观察能力和思维能力。）

2. 小棒游戏

拿出学具小棒试着摆一摆：21-9，22-9，23-9，24-9，25-9，

26-9，31-9，32-9，33-9…看看你能发现什么？

（设计意图：利用小棒游戏让孩子初步感知100以内的退位减法，为后面内容的学习做铺垫。不仅可以锻炼学生的动手操作能力、形象思维能力、观察能力和创造能力等，还能品尝到游戏活动的无穷乐趣。）

◆评价策略

1. 对作业优秀的学生及时激励表扬，增强其学习自信。

2. 对学有困难的学生进行单独的讲解和答疑辅导。

3. 展示优秀作业，促进学生的相互交流与学习。

4. 让小组成员进行学习交流和讨论。

【案例四】学科：语文

设计者基本信息			
姓名	代丽丹	联系电话	13843163155
区域	长春市绿园区	学校	绿园小学
年级	三年级	教材版本	教育部组织编写（人民教育出版社出版）

◆教材链接

教育部组织编写（人民教育出版社出版）三年级第二学期

▲ "双减"背景下作业设计新思维

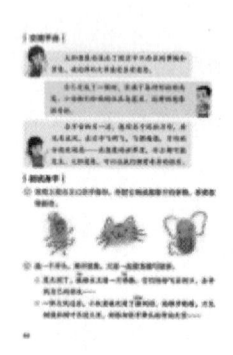

◆作业类型

单元作业

◆学习平台

QQ作业,微信

◆教材分析

1.教材分析

本单元以"想象"为主题,语文要素是"走进想象的世界,感受想象的神奇"精心编排了《宇宙的另一边》《我变成了一棵树》两篇课文。《宇宙的另一边》《我变成了一棵树》两篇课文旨在引导学生通过准确生动的表达感受作者丰富的想象力。"交流平台"则梳理、总结了想象的方法,鼓励学生进行迁移运用。本单元的习作要求是"大胆想象,创造出属于自己的想象世界"，旨在培养学生进行合理想象的能力。此外本单元还编排了与主题相关的"资料袋"和"阅读链接"，帮助学生顺利完成想象文的写作。"习作例文"帮助学生引导学生想象不同内容和写法。

2.学情分析

本单元旨在引导学生体会课文准确生动想象的神奇，感受作者想象的方法，培养创造的能力。这对三年级的学生来说具有一定的难度，需要教师在教学中充分利用教材已有资源，引导学生从多方面感受借助已有生活经验，感受想象力的作用，体会观察的乐趣，学写想象文，养成细心观察的习惯。

◆作业目标

1.通过文章准确生动的表达感受行文中想象力的神奇。

2.画出想象的事物，根据故事开头编写故事。

3.大胆想象写一个想象故事，欣赏同伴习作并提出修改建议。

◆作业内容

[基础性作业]

1.仿写

在宇宙的这一边雪是在冬天下的；那么在宇宙的另一边雪是在夏天下的吗？在宇宙的这一边太阳从东边升起；那么在宇宙的另一边太阳是从西边升起吗？

在宇宙的这一边棉花长在地里，那么在宇宙的另一边_____

在宇宙的这一边小猫喜欢吃鱼，那么在宇宙的另一边_____

在宇宙的这一边人们按时上下班，那么在宇宙的另一边_____

在宇宙的这一边_____，那么在宇宙的另一边_____

2. 仿照例句写一写（带着冒号和省略号）

我变成了一棵长满各种形状鸟窝的树：三角形、正方形、长方形、圆形、椭圆形、菱形……

（设计意图：本题要求在理解课文的基础上发挥想象，学生在想象的过程中加深对课文的理解认知，从而感受作者的想象有趣和神奇。）

[提升性作业]

例：在宇宙的另一边加法是这样的：大地万物加上一场大雪等于一片白茫茫，那时无数的孩子会从家里冲出来打雪仗、堆雪人、滑雪……这样大地万物加上一场大雪又等于无数孩子的节日。

1.

（ ）+（ ）=（ ）　　（ ）+（ ）=（ ）

一块空地 + 几个书包 = 一片欢笑　一块空地 + 几个书包 = 孩子的乐园

在宇宙的另一边加法是这样的：（ ）加上（ ）等于（ ），那时（ ）会从（ ）冲出来（ ）、（ ）、（ ）……这样（ ）加上（ ）又等于（ ）。

2.

（ ）+（ ）=（ ）　　（ ）+（ ）=（ ）

在宇宙的另一边加法是这样的：（　　）加上（　　）等于（　　）那时（　　）会从（　　）冲出来（　　）、（　　）、（　　）……这样（　　）加上（　　）又等于（　　）。

（设计意图：本题旨在思维延伸，让学生学会利用既有的材料进行资源重组；通过想象引导学生抓住关键词语进行品读并激发学生阅读想象文章的兴趣。）

[选择性作业]

1. 春天：阳春三月　早春二月　青阳三月

（1）春风花草香。

（2）处处闻啼鸟。

（3）草色遥看近却无。

（4）千里莺啼绿映红，水村山郭酒旗风。

（5）等闲识得东风面，万紫千红总是春。

（6）碧玉妆成一树高，万条垂下绿丝绦。

2. 夏天：孟夏四月　炎炎夏日

（1）青草池塘处处蛙。

（2）蜂蝶不知春已去。

（3）小荷才露尖尖角。

（4）接天莲叶无穷碧，映日荷花别样红。

（5）水光潋滟晴方好。

（6）小娃撑小艇，偷采白莲回。

乘法是这样的："＿＿＿"乘以"＿＿＿"再乘以"＿＿＿"等于"＿＿＿"，又等于"＿＿＿"，最后等于"＿＿＿"。

乘法还可以是什么样子的："＿＿＿"乘以"＿＿＿"再乘以"＿＿＿"等于"＿＿＿"，又等于"＿＿＿"，最后等于"＿＿＿"。

（设计意图：鼓励学生迁移，运用本单元学到的想象方法对自己掌握的内容进行外化，为学生搭建交流学习平台，利用微信小组的方式让学生在小组内交流，为单元习作做好铺垫。）

◆评价策略

1.利用微信小程序（电子表彰奖状）对作业优秀的学生及时激励表扬，增强其学习自信。

2.对学有困难的学生利用QQ作业讲评的语音讲解进行单独的讲解和答疑辅导。

3.利用QQ作业的模范作业展示优秀作业，促进学生的相互交流与学习。

4.利用微信班级群和小组群让小组成员进行学习交流和讨论。

5.不定期对学生和家长进行学校教学和作业量布置等方面的微信问卷调查，征求各方意见。

【案例五】学科：语文

设计者基本信息			
姓名	韩杨	联系电话	15543128555
区域	长春市绿园区	学校	绿园小学
年级	四年级	教材版本	教育部组织编写（人民教育出版社出版）

四年级语文分层作业设计案例
《囊萤夜读》《铁杵成针》

一、本课目标

1. 学会本课生字，读准字音，正确书写。

2. 通过联系上下文、借助注释等多种方法，理解课文中每句话的意思，感受人物勤奋好学、持之以恒的学习品质。

3. 掌握正确、流利地朗读文言文的方法。

4. 能用习得的阅读文言文的方法初步进行迁移阅读。

二、课标对本学段的目标要求

1. 对学习汉字产生浓厚的兴趣，养成主动识字的习惯。

2. 硬笔书写规范、端正、整洁，养成良好的书写习惯。

3. 能联系上下文，理解词句，抓住关键语句，初步体会课文表达的思想感情。

4. 阅读时能提出不懂的问题并试着解决。

5. 能从人物的语言、动作等描写中感受人物的品质。

《囊萤夜读》《铁杵成针》自主型分层作业：

学生根据自身实际情况自主选择作业内容及数量。

[基础性作业]

1. 拼一拼，写一写。

náng　yíng　　　　gōng　　　　qín
(　)(　)夜读　　　(　)敬　　　(　)劳

bó　　　pín　　　　féng　　　　zú
(　)学　(　)穷　　相(　)　　　兵(　)

2. 比一比再组词。

博（　）　贫（　）　卒（　）　焉（　）

傅（　）　贪（　）　率（　）　嫣（　）

3. 根据课文内容解释下列加点字的意思。

（1）胤恭勤不倦。（　　）

（2）家贫不常得油。（　　）

（3）世传李太白读书山中，未成，弃去。（　　）

4. 根据课文内容将下面这段话补充完整。

胤_____。家贫。

夏月则_____，以照书_____。

[选择性作业]（3选2）

1. 翻译下面的句子。

（1）胤恭勤不倦，博学多通。

（2）过是溪，逢老媪方磨铁杵。

2.《囊萤夜读》这篇文章给了你什么启示？

3. 请你用一个成语来概括《铁杵成针》中老媪的行为使你从中感受到了什么？

[拓展性作业]（2选1）

1. 阅读一则关于古人读书求学的小古文，说说文章的主要内容。

2. 发挥想象把《囊萤夜读》改写成具体生动的现代文。

三、设计意图

基础性作业：生字新词的认读、书写、默写、新词理解运用等重在巩固夯实字词基础，培养良好的书写习惯。看拼音写词语和比一比再组词巩固了课上所学生字新词，加字成词不仅加深了对课文的理解，还掌握了文言文的释词方法。

提升性作业：字词句的理解运用、语段文章的归纳概括等。目的在于提高学生阅读理解的能力，锻炼语言表达及概括的能力。

拓展性作业：课外阅读延伸、迁移类小练笔等。目的在于拓展课外延伸，增加积累增广见闻。再在说说写写的潜移默化中提高学生的语文综合素养。本题通过拓展改编故事，在巩固课文内容理解的基础上培养了学生合理想象的能力和语言组织表达的能力。

四、激励措施

用多种形式反馈考查各层次学生情况，对学生的点滴进步及时给予肯定。要创造机会让每个层次的学生有表现自己的机会和可能通过不同形式的评价标准使每个学生都看到自己的进步，体会到成功的喜悦。好的评价反馈是对学生学习的最高奖赏，是激励学生学习的有力手段。对不同层次的学生应采用不同的评价标准。对学困生采用表扬评价，寻找其闪光点，及时肯定他们的点滴进步；对中等生采用激励性评价，既指明不足又指出努力方向，促使他们积极向上；对优等生采用竞争性评价，坚持高标准严要求，促使他们更加严谨谦虚不断超越自我。这样通过评价激发学习热情，提高学习积极性，从而在班级中形成竞争意识，使不同层次的学生都有成功的机会。

【案例六】学科：语文

设计者基本信息			
姓名	刘力强	联系电话	17643052239
区域	长春市绿园区	学校	绿园小学
年级	二年级	教材版本	教育部组织编写（人民教育出版社出版）

◆教材链接：

教育部组织编写（人民教育出版社出版）二年级第二学期

◆作业类型

单元作业

◆学习平台

QQ作业，微信

◆教材分析

人教版小学语文教科书二年级下册第八单元是围绕"根据课文内容展开想象"这一教学重点来编排的，无论是《祖先的摇篮》里写祖先的活动，还是《当世界年纪还小的》里万物有秩序得学习，或是《后羿射日》里后羿的射日神功都充满了奇幻的色彩。单元整组作业设计就是在单元课文以及"口语交际"和"语文园地"等内容在这一共同要素上整合出几个具体的学习任务，按照学生能力发展。设置梯度练习，努力帮助学生建立课内与课外的共生点和衍生点，将课内的方法有效迁移到课外，赋能学生成长。

◆学情分析

本单元旨在引导学生体会课文准确生动想象的神奇，感受作者想象的方法，培养创造的能力。二年级学生年龄较小、活泼好动，注意力易分散，自控能力差。行为习惯有待加强培养。经过一年多的培养不少学生美术学习兴趣浓厚，绘画表现力有了很大的提高。抓住低年级学生的年龄和心理特点，丰富美术教学的形式，注重激发学生美术学习兴趣，处理好审美教育、思品教育、能力培养和双基训练的关系，培养学生的形象思维能力，发展学生的创造力。

◆作业目标

1. 创设学习情境，在情境中引导学生学习与运用本单元的生字、词语。

2. 借助题目、观察插图、抓住关键词，想象课文中描写的事物和情景，感受作者的奇思妙想，受到感染并根据提示说一说自己想象的情景。

3. 根据提示想象画面，能比较完整地讲故事，把故事中最吸引人的神奇之处讲清楚。

4. 延伸拓展能产生阅读的兴趣，感受阅读的快乐，乐于和同学分享阅读的收获。

◆作业内容

[基础性作业]

同学们在学生字的时候老师发现大家很聪明，有的生字不用教很快就记住了。你能告诉老师你是怎么学会这些字的吗？在我国的汉字中有很多这类字。它们有什么秘密？今天我们就来找一找其中的奥秘，掌握这个诀窍能学会更多的字。

摘 祖 界 望
蓝 忆 世 由

（设计意图：统编小学语文教科书二年级下册第八单元编排了跟神奇的想象有关的内容，意在引导学生通过生字想象画面，因此创设了"奇妙想象屋"的情境与这一单元教学重点呼应。这个作业环节的设置一是利用字源图片来激发学生的探究生字兴趣，二是落实了认识本单元读好问句这个教学重点。）

[提升性作业]

祖先在摇篮里干什么？原始森林就是祖先的摇篮，那浓密的绿茵一望无边。遮住了蓝天真奇妙！祖先在摇篮里干什么呢？请同学们先到课文中去读一读、找一找，再发挥想象，祖先还会在摇篮里做什么？

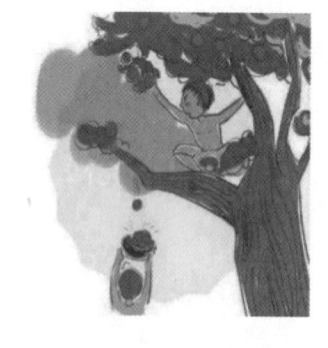

摘野果　　和野兔赛跑

（设计意图：本题旨在思维延伸，让学生学会利用既有的材料进行资源重组；通过想象引导学生抓住关键词语进行复述，并激发学生阅读想象文章的兴趣。）

[选择性作业]

后羿是怎么射九日的？后羿为什么要射日？是怎么射日的？最后结果怎么样？请你借助后羿射日的起因、经过和结果的提示来简单说一说。

（设计意图：本组作业的设计是紧紧围绕本单元的教学重点，以课后习题为指引分别设置了两个层级的活动，一是为了引导学生充分发挥想象理解课文的内容，二是为了在超越文本的拓展过程让学生打开思路，能进行有序、生动的语言表达。因此既与文本相辅相成又为学生后一个任务的独立运用搭了一级台阶，做好了准备。）

◆评价策略

1.利用微信小程序(电子表彰奖状)对作业优秀的学生及时激励表扬，增强其学习自信。

2.对学有困难的学生利用QQ作业讲评的语音讲解进行单独的讲解和答疑辅导。

3.利用QQ作业的模范作业展示优秀作业，促进学生的相互交流与学习。

4.利用微信班级群和小组群让小组成员进行学习交流和讨论。

5.不定期对学生和家长进行学校教学和作业量布置等方面的微信问卷调查，征求各方意见。

【案例七】学科：语文

设计者基本信息			
姓名	王建威	联系电话	13500813663
区域	长春市绿园区	学校	绿园小学
年级	四年级	教材版本	教育部组织编写（人民教育出版社出版）

◆教材链接

教育部组织编写（人民教育出版社出版）四年级第二学期

◆作业类型

本课作业

◆学习平台

QQ作业，微信

◆教材分析

本单元以"现代诗"为主题精心编排了四篇现代诗。《绿》这篇课文让我们知道了绿的色彩变化之多，让人充满遐想。这绿像是大自然的馈赠，丰富又美丽。此外还应引导学生学习此诗的写作手法，为本单元习作"创作诗歌"做铺垫。

◆学情分析

艾青的《绿》是一首语言优美的诗歌,在教学中要引导学生朗读诗歌,读出节奏感,体会诗歌的音韵美,培养学生语感。教师应补充此诗的创作背景,以此引导学生更好地理解诗歌、感知"绿"的含义和作者所表达的情感,培养学生对诗歌的喜爱之情。

◆作业目标

1.抓住"绿"的描写方法,充分感受不同的绿色。体会诗歌的赞美之情。

2.与宗璞笔下的"绿"对比,进一步感受诗歌的意境美。

3.借助文字想象画面,再说说大自然的绿给你留下什么样的印象。

◆作业内容

[基础性作业]

1.看到这么多和绿有关的颜色你想到了什么呢?

墨绿的(松树) 浅绿的(幸运草) 嫩绿的(小草)

翠绿的(树叶) 淡绿的(新芽) 粉绿的(湖水)

2.绿指大自然景象,下面的绿具体指什么景物呢?让我们感受到大自然的绿真是色彩丰富。

刮的风是绿的(风中的杨柳是绿的);

下的雨是绿的(雨中的荷叶是绿的);

流的水是绿的(水中倒映的山是绿的);

阳光也是绿的(阳光下的森林是绿的)。

(设计意图:这两道题帮助理解课文的基础上发挥想象,从而加深对绿的理解。）

[提升性作业]

对比阅读感悟特点。

艾青笔下的"绿"给我们留下许多想象的空间，宗璞笔下的"绿"又带给我们怎样的感受？

雨中去访灵隐，一下车只觉得绿意扑眼而来，道旁古木参天，苍翠欲滴，似乎飘着的雨丝也都是绿的。飞来峰上层层叠叠的树木，有的绿得发黑，深极了、浓极了；有的绿得发蓝，浅极了、亮极了。峰下蜿蜒的小径布满青苔，直绿到了石头缝里。

——宗璞《西湖漫记》

1. 这段话写了哪些事物都是绿的？

古木、雨丝、树木、小径都是绿的。与艾青笔下的景物有异曲同工之妙。

2. 品读赏析。

最后一句写得特别传神。

直绿到了石头缝里。在这个句子中绿已经不是名词了而是一个动词，表示石头缝里都被绿色覆盖了。

3. 试着写一写你眼中的绿。

（设计意图：本题旨在思维延伸，让学生学会从不同的表述手法上感受绿的特点，从而激发学生的创作欲望。）

◆评价策略

1. 在班级群中展示优秀作业，增强其学习自信。

2.对学有困难的学生利用QQ作业讲评的语音讲解进行单独的讲解和答疑辅导。

3.利用微信班级群和小组群让小组成员进行学习交流和讨论。

【案例八】学科：语文

设计者基本信息			
姓名	李莹	联系电话	15948180506
区域	长春市绿园区	学校	绿园小学
年级	四年级	教材版本	教育部组织编写（人民教育出版社出版）

◆教材链接

教育部组织编写（人民教育出版社出版）四年级第二学期第八单元

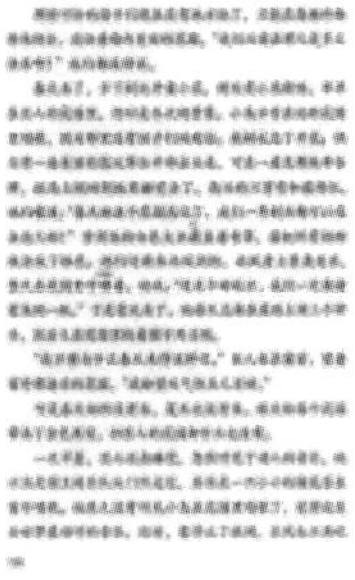

◆ 作业类型

单元作业

◆ 学习平台

QQ作业，微信

◆ 教材分析

本单元课文主要是围绕"童话故事"这个专题进行编排的。主要由《宝葫芦的秘密》《巨人的花园》《海的女儿》三篇课文组成。编排意图是引导学生感受童话的奇妙，体会人物真善美的形象。

◆ 单元重点

1. 感受童话的奇妙，体会人物真善美的形象

本单元的三篇课文都是经典童话故事，充满奇思妙想，非常有趣。展示了人物的美好形象。《〈宝葫芦的秘密〉（节选）》介绍了宝葫芦

的故事，非常有趣、想象奇特。《巨人的花园》介绍了巨人和孩子的故事，说明了只有学会分享才能得到快乐、幸福的道理。《海的女儿》描写了小人鱼为了自己心爱的王子不惜牺牲自己的生命，展现了小人鱼处处为别人着想的美好品质。

2.按自己的想法新编故事

《〈宝葫芦的秘密〉（节选）》课后题有"根据已有内容创编宝葫芦的故事。"习作《故事新编》重新编一个故事可以是《龟兔赛跑》的故事，也可以是《狐假虎威》《井底之蛙》《狐狸和乌鸦》的故事。

◆学情分析

本单元旨在引导学生通过学习童话故事感受人物的鲜明个性，培养学生的想象能力，体会人物真善美的形象。这对四年级的学生来说需要教师在教学中充分依托文本并走出文本，引导学生从多方面感受，借助已有生活经验感受童话的奇妙。

◆作业目标

1.抓住对重点词句的理解，展开想象，感受童话的奇妙，体会人物真善美的形象。

2.对童话这种文学体裁有初步的认识，了解童话这一文学体裁在人物的塑造、表达方法的选择等方面的特点。

3.巩固"预测"策略，培养运用阅读策略的意识和基本能力。

4.能通过小组合作等方式学习语文要素，运用学习方法自主、高效地完成作业，养成爱分享、爱阅读的好习惯。

5.发挥单篇课文的导读功能，引起学生阅读整本书的兴趣。学生在整本书阅读中不断丰富阅读经验并获得更多的人生启迪。

"双减"背景下作业设计新思维

◆作业内容

"奇妙的童话点燃缤纷的焰火，照亮我们五彩的梦。"同学们童话中的主人公们纵然遭受艰难困苦依然求真、向善、尚美。来吧！让我们用自己的身体与心灵推开这扇认识世界的童话之窗，听有趣的故事，认识可爱的主角，接着一起编织新奇、美妙、梦幻的童话之网。

◆[基础性作业]

1.选择本单元你喜欢的作家收集并摘抄作者的资料。

我喜欢的作家是：

他的资料卡：

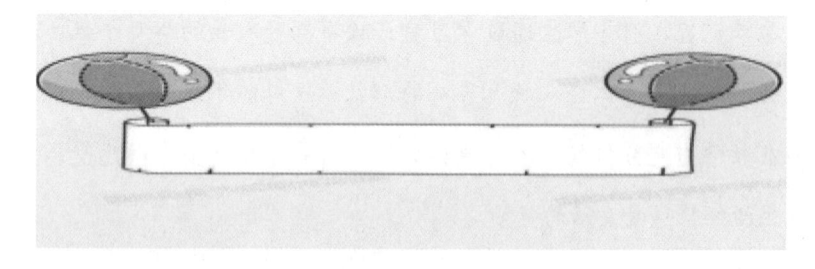

2.朗读与理解。

（二）真喜欢这些童话故事呀！我迫不及待与你分享。

本题要求：填写内容简练，书写工整、正确、美观。

1.听张天翼爷爷悄悄讲《宝葫芦的秘密》，想一想，填一填围绕"宝葫芦"写了哪些内容。

听奶奶讲宝葫芦的故事

和同学闹翻想到它

（本题选自浙江省教育厅教研室组织编写的四下《语文作业本》P97第2题）

话题二　注重作业质量　合理调控作业结构

2.听王尔德娓娓说《巨人的花园》想一想，花园发生了哪些变化？先找出相关的句子填一填，再写一写发生变化的原因。

巨人外出时，＿＿＿＿＿＿＿＿＿＿

我自己的花园就是我自己的花园。

禁止入内 违者重惩

巨人回来后，＿＿＿＿＿＿＿＿＿＿

巨人拆除围墙后，＿＿＿＿＿＿＿＿＿＿

孩子们，花园现在是你们的了。

巨人的花园发生变化的原因是＿＿＿＿＿＿＿＿＿＿

（设计意图：引导学生通过"云上"收集并摘抄作者的资料亲近作家；找出关键段落语句梳理故事内容、读懂故事情节，为之后体会人物形象打下基础。用"求真"的学习态度在奇妙的童话里尽情遨游。）

◆[提升性作业]

2.读着童话故事，你的脑海里有没有奇思妙想呢？请你按照要求，完成下列挑战吧！

课文篇目	挑战要求	你的奇思妙想
《宝葫芦的秘密》	有了宝葫芦，"要什么有什么"，真是太奇妙了。联系故事内容，参考事例，创编一个新故事，讲给同学听。 "摘"来的葫芦 主要人物：张三、神仙 故事内容：第一年：张三出门樵见神仙，神仙请他帮忙请仙，送了他一个宝葫芦。 第二年：有了宝葫芦，想要什么就有什么，还去水里游，带孩做信自，考试…… 第三年：张三突然发现两手红肿疼痛，才明白…… 故事结局：张三棒子宝葫芦了，神仙收走了宝葫芦。	＿＿＿＿＿＿＿＿＿＿ ＿＿＿＿＿＿＿＿＿＿ ＿＿＿＿＿＿＿＿＿＿ ＿＿＿＿＿＿＿＿＿＿ ＿＿＿＿＿＿＿＿＿＿ 我把故事说给了＿＿＿＿听，他/她的评价是＿＿＿＿

57

《巨人的花园》	"这是一个很可爱的大花园。园里长满了柔嫩的青草，草丛中到处露出星星似的美丽花朵。还有十二棵桃树，春天开出淡红色和珍珠色的鲜花，秋天结出丰硕的果子。小鸟们在树上唱着悦耳的歌，歌声是那么动听，孩子们都停止了游戏来听他们唱歌。'我们在这儿多么快乐！'孩子们欢叫着。" 请你发挥想象，把孩子们在巨人的花园里尽情玩耍的情景写下来。	
*《海的女儿》	"现在，那位最大的公主已经到了十五岁，可以浮到水面上去了。" 请你预测一下，这位最大的公主浮到水面上去后，会看到什么，听到什么，发生什么？	

（设计意图：引导学生通过反复品读相关语句，体会出王葆的天真活泼、爱幻想；巨人的无私、和善；小公主的善良、崇高。在读故事了解"朋友"的过程中自然而然地体会到他们真善美的人物形象，同时也培养了学生善于合作、乐于分享的能力。以一颗"向善"之心遇见童话里的人事景物是对童心的温柔呵护。）

[选择性作业]

*3.课文《宝葫芦的秘密》《海的女儿》都被拍成了精彩的电影，有时间的话可以去看看，记录精彩情节，然后化身"光影星播客"，和伙伴分享。

▶光影星播客

从文字变为电影
我又有了新鲜的感受，不同的体会

下表为选做题，建议以学习小组为单位，创意开展。

- 制定阅读计划表，读读《小鹿斑比》原著
- 组员分享不重复，说说精彩的故事情节，交流自己的体会
- 展示我们组的阅读成果：读书笔记、思维导图、小报、课本剧……

（设计意图：引导学生通过多种方式梳理童话故事，从不同角度展开想象，写下自己的奇思妙想；并以"读书分享会""光影星播客"等方式激励学生迁移运用学到的方法。）

◆评价策略

1. 及时反馈评价，对作业完成优秀的学生及时激励表扬，增强其学习自信。

2. 对学有困难的学生利用QQ或者微信平台视频讲解进行答疑辅导。

3. 利用QQ作业的模范作业展示优秀作业，促进学生的相互交流与学习。

4. 利用微信班级群和小组群让小组成员进行学习交流和讨论。

5. 不定期对学生和家长进行学校教学和作业量布置等方面的微信问卷调查，征求各方意见。

【案例九】学科：语文

设计者基本信息			
姓名	林宇	联系电话	18143090133
区域	长春市绿园区	学校	绿园小学
年级	五年级	教材版本	教育部组织编写 （人民教育出版社出版）

▲ "双减"背景下作业设计新思维

◆ 教材链接

教育部组织编写（人民教育出版社出版）五年级第二学期

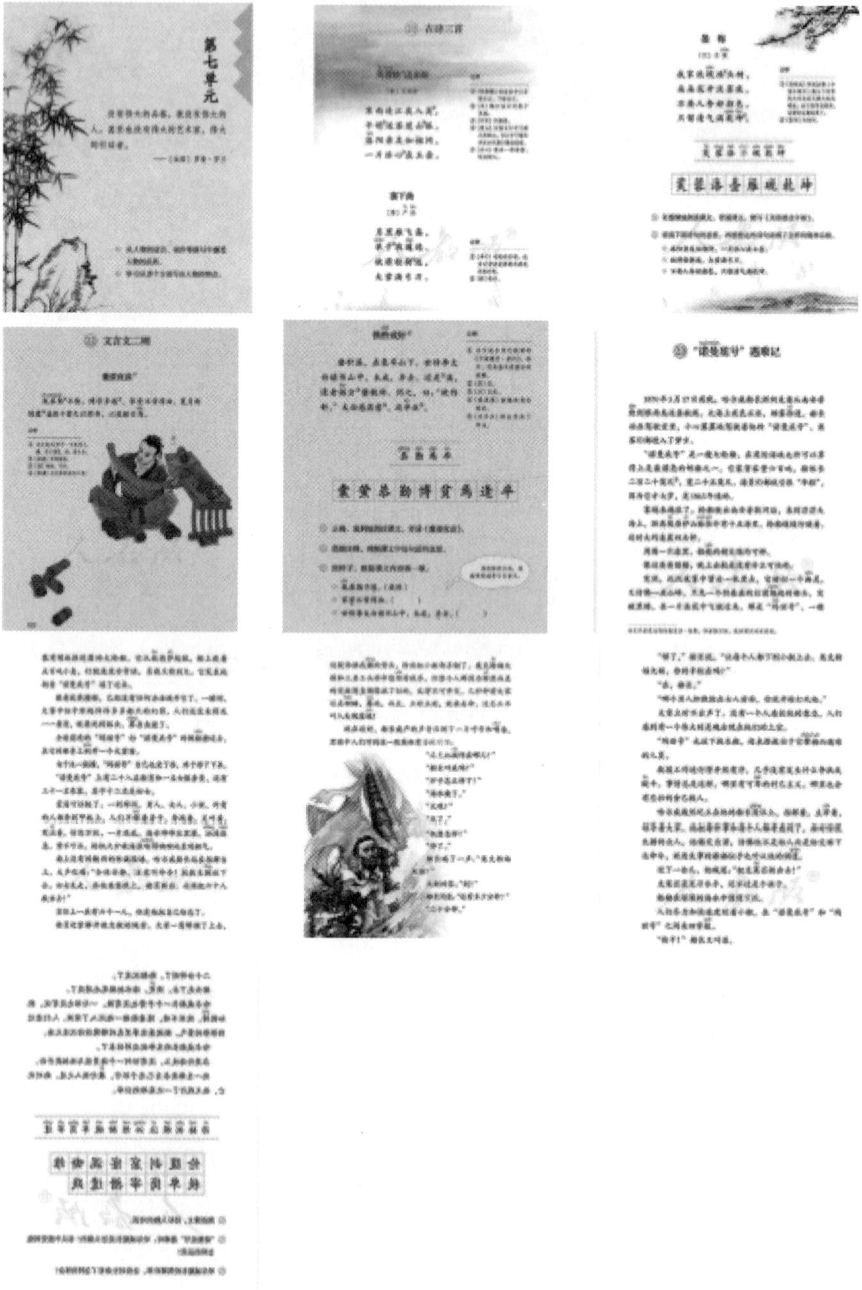

◆作业类型

单元作业

◆学习平台

QQ作业，微信

◆教材分析

首先是人文主题："没有伟大的品格就没有伟大的人甚至也没有伟大的艺术家伟大的行动者。——（法国）罗曼·罗兰"。接着是语文要素——"从人物的语言、动作等描写中感受人物的品质。学习从多个方面写出人物的特点。"针对"学习从多个方面写出人物的特点"这部分的内容要求希望大家能够结合本单元的习作"我的'自画像'"来进行学习。

◆学情分析

五年级的学生学习习惯基本养成，但由于处在多动年龄，所以注意力不能长时间集中。本单元要求老师上课的时候一定要根据孩子的性格特点讲出教学重点。旨在引导学生体会课文，需要教师在教学中充分利用教材已有资源，引导学生从多方面感受，借助已有生活经验，感受想象力的作用，有针对性地进行教学，在教学方式与组织形式上要有变化，有新意，力求每个班级每个学生在原有的基础上有所进步和提升。

◆作业目标

1. 能通过阅读课文，借助双级示意图，梳理课文内容，初步了解人物事迹。

2. 能在阅读文本的过程中通过梳理比较聚焦作者对人物语言、动作的描写，体会不同文本中的人物形象并写下自己的感受。

3.能拓展阅读《小学语文读本》中的篇目,在学习锦囊与学习任务的指引下加深体会语言、动作等描写,在刻画人物形象上的作用并能进行迁移运用。

4.能借助课外阅读与积累,通过演讲的方式展示学习成果,传递榜样的力量,汲取成长的力量。

◆作业内容

[基础性作业]

法国作家罗曼·罗兰说过:"没有伟大的品格就没有伟大的人甚至也没有伟大的艺术家伟大的行动者。"古今中外英雄也好凡人也罢,总有一些人默默地用自己的方式来诠释着生命的力量,榜样的力量。同学们让我们一起"踏上光影的列车追寻榜样的足迹"从人物的一言一行中汲取成长的力量吧!(回顾一段光影里的来时路)

(一)让我们走进1870年3月17日那个大雾弥漫的夜晚

1.用较快的速度默读《"诺曼底号"遇难记》说说遇难事件的起因、经过、结果完成导图。(注意:书页中的"品质篇"可以等学完课文再填)

2.再读课文想想"诺曼底号"遇难时哈尔威船长是怎么做的,再填一填。

(二)让我们走进1952年10月的那个战火纷飞的夜晚

1.阅读课文《黄继光》。想想课文先写了什么,再写了什么,最后又写了什么,完成示意图。(注意:书页中的"品质篇"可以等学完课文再填)

2.再读课文。想想课文围绕黄继光又写了一件什么事,抓住他的语言、动作的语句填一填。

（三）让我们跟随冯骥才先生走进1981年的泰山

1. 默读《挑山工》，想想冯骥才先生登泰山他看到了什么？听到了什么？又做了什么？（注意：书页中的"品质篇"可以等学完课文再填）

2. 读课文，先想一想挑山工是怎么登山的？与游人登山有什么不同？再照样子填一填。

（设计意图：本题是"品一段光影里的慢镜头"主题下的第一题，是一项关注单元主题理解的周期性作业，分必做与选做两部分。围绕本单元聚焦"人物的语言、动作等描写，感受人物品质"这一要素，随着课时教学的推进，引导学生将印象最深的人物的语言、动作等写下来并写上自己的真实感受。此外通过课外配套读本的推荐介入鼓励学生阅读更多的主题文章，感悟表达品味形象。）

[提升性作业]

让我们将光影里的镜头交错、拉长。作业三（必做）：前一阶段不少同学围绕本单元主题阅读了课外作品，还能关注主人公的言与行，并且将自己的感受写了下来。课本中冯骥才先生从挑山工身上汲取了力量，在《小学语文读本》中冯骥才先生还为我们带来了作品《长衫老者》，请大家先去读一读这篇文章。同一位作家的两篇文章有何异同呢？我们来聚焦。

（设计意图：本题旨在思维延伸，让学生学会利用既有的材料进行资源重组；通过想象引导学生抓住关键词语进行品读并激发学生阅读想象文章的兴趣。）

[选择性作业]

一、把下列的词语补充完整。

巍峰（　）立　　随心所（　）　　（　）想天开　　出其（　）意

腹（　）受敌　永（　）人间　聚（　）会神　争先（　）后

二、用线将相关联的内容连起来。

精诚所至　　　　种瓜点豆

清明前后　　　　言而有信

与朋友交　　　　金石为开

蚂蚁搬家蛇过道　道澄江一道月分明

落木千山天远大　带雨云埋一半山

浮天水送无穷树　明日必有大雨到

（设计意图：作业具有趣味性让学生在快乐中求知。兴趣是学习的最好老师，当学生的兴趣提高了，学习欲望自然而然就提高了。因此我们特别注重了作业的趣味性。如：把看图列式编成一个简短的小故事简单概括，把图意说完整再进行列式解答，这样激发了学生求知的兴趣，使学生愿意做、乐于做。）

◆评价策略

1.利用微信小程序（电子表彰奖状）对作业优秀的学生及时激励表扬，增强其学习自信。

2.对学有困难的学生利用QQ作业讲评的语音讲解进行单独的讲解和答疑辅导。

3.利用QQ作业的模范作业展示优秀作业，促进学生的相互交流与学习。

4.利用微信班级群和小组群让小组成员进行学习交流和讨论。

5.不定期对学生和家长进行学校教学和作业量布置等方面的微信问卷调查，征求各方意见。

【案例十】学科：语文

"双减"下作业设计《三月桃花水》

设计者基本信息			
姓名	陈茉	联系电话	18043635881
区域	长春市绿园区	学校	绿园小学
年级	四年级	教材版本	教育部组织编写（人民教育出版社出版）

◆教材链接

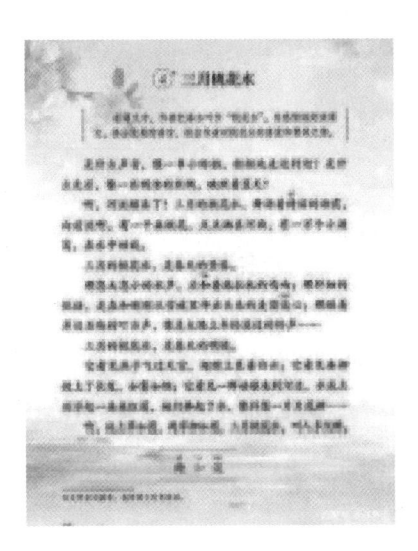

◆作业类型

单元作业

◆作业目标

1.认识"绮、谈"2个会认字，读准多音字"和"。

2.理解作者把春水叫作"桃花水"，体会语言的优美。

3.有感情地朗读课文，读出作者对桃花水的喜爱和赞美。

◆目标要求

1. 对学习汉字产生浓厚的兴趣，养成主动识字的习惯。

2. 硬笔书写规范、端正、整洁，养成良好的书写习惯。

3. 能联系上下文理解词句，抓住关键语句，初步体会课文表达的思想感情。

4. 阅读时能提出不懂的问题并试着解决。

5. 能从人物的语言、动作等描写中感受人物的品质。

◆作业内容

[基础性作业]

字词大闯关

1. 辨字组词。

铛（　　）　绮（　　）　谈（　　）　瓣（　　）

挡（　　）　倚（　　）　淡（　　）　辨（　　）

2. 根据课文内容选择恰当的词语填空。

（_____）的朝霞

（_____）的低语

（_____）的浪花

（_____）的酒杯

3. 多音字组词。

旋 { xuán（　　　　）
     xuàn（　　　　）

和 { hé（　　　　）
     hè（　　　　）
     huó（　　　　）

[提升性作业]

1. "啊河流醒来了!"这句话运用了＿＿＿＿＿＿＿＿的修辞方法,写出了作者看到河水哗哗流淌时＿＿＿＿＿＿＿的心情。

2. 三月的桃花水是春天的竖琴。

　　三月的桃花水是春天的＿＿＿＿＿＿＿＿。

　　三月的桃花水是春天的＿＿＿＿＿＿＿＿。

　　＿＿＿＿＿＿＿＿是＿＿＿＿＿＿＿＿。

(设计意图:字词句的理解运用、语段文章的归纳概括等。目的在于提高学生阅读理解的能力,锻炼语言表达及概括的能力。)

[选择性作业]

课外阅读(一)

春天吹着口哨

沿着开花的土地,春天吹着口哨;从柳树上摘一片嫩叶,从杏树上掐一朵小花,在河里浸一浸,在风中摇一摇;于是欢快的旋律就流淌起来了。

顺着孩子的手,顺着风筝的线,升到云层中去了。新翻的泥土滴着黑色的油,哨音顺着犁铧的镜面滑过去了。呵那里面可有蜜蜂的嗡嗡?

67

可有百灵鸟的啼啭？可有牛的哞叫？

呵春天吹着口哨漫山遍野地跑；在每个人的耳朵里都灌满了一个甜蜜的声音——早！

（1）"呵春天吹着口哨漫山遍野地跑；在每个人的耳朵里都灌满了一个甜蜜的声音——早！"你是怎么理解这句话的？用"√"画出你认为合理的解释。

A. 指春天在早上吹着口哨。（　　）

B. 这是春天对人们的问候。（　　）

C. 春天是一年的开始是万物开始生长的季节。（　　）

D. 指时间靠前很早。（　　）

（2）读了短文你觉得春天是一个怎样的季节？找出几个关键词写下来。

（3）阅读短文第一、二自然段你的眼前浮现出一幅什么画面？展开想象把它画出来吧。

课外阅读（二）

春潮（节选）

北方的二月，春天在进攻冬天在撤退。山的背阴处虽然还寒气凛凛，可是寒冷的威力已衰竭。朝阳处雪已融化，雪水顺着斜谷流过来，冲开了山涧溪水的冰面。那巨大的冻结在岩层上的瀑布也开始活动了，流水声一天天越来越大地响起来，最后成为一股汹涌的奔流冲到山下流进大江。那冰封的大江在太阳的照射下，在山中雪水的冲击下逐渐变酥了，更软了，颜色也变暗了。

终于有一天在黎明的寂静中突然传来了山崩地裂的声响——开江了！

①风从窗缝里挤了进来，激动地向我耳语着：快去看啊大江复活了！

它扯着我的衣襟向江岸奔去。我和人们一起站在江岸上，我被眼前的景象惊呆了，只见整个大江的坚冰崩溃了。被禁锢了一冬的大江奔腾着汹涌着以它那不可抗拒的力量推开了坚冰呼叫着撞击着。②一块块巨大的冰排被江水推动着山一样地竖了起来，又摔倒下去发出咔嚓咔嚓的声响，溅起一片片雪白的浪花。滚滚的春潮把坚冰击溃了、淹没了，迫使它驯服地和残冬一起向远方流去。

1. 句①中的"_____、_____、_____"这几个动词表现了春风具有强大的生命力。这里运用了_____的修辞方法。

2. 句②依次从_____、_____、_____三个方面描写了春潮。

3. 下面哪个词语有力地表现了春潮的力量？（　　）

A. 奔腾汹涌

B. 不可抗拒

4. 读本文和《三月桃花水》时你的感受有什么不同？

◆激励措施

用多种形式反馈考查各层次学生情况，对学生的点滴进步及时给予肯定。要创造机会让每个层次的学生有表现自己的机会和可能通过不同形式的评价标准使每个学生都看到自己的进步，体会到成功的喜悦。好的评价反馈是对学生学习的最高奖赏，是激励学生学习的有力手段。对不同层次的学生应采用不同的评价标准。对学困生采用表扬评价，寻找其闪光点，及时肯定他们的点滴进步；对中等生采用激励性评价，既指明不足又指出努力方向，促使他们积极向上；对优等生采用竞争性评价，坚持高标准严要求促使他们更加严谨谦虚不断超越自我。这样通过评价激发学习热情，提高学习积极性，从而在班级中形成竞争意识，使不同层次的学生都有成功的机会。

【案例十一】学科：语文

设计者基本信息		
姓名	陈瑜	联系电话	13943131568
区域	朝阳区	学校	红旗街小学
年级	一年级	教材版本	部编版

◆ 教材链接

人民教育出版社一年级下册《端午粽》

◆ 作业类型

课时作业；实践性作业；弹性作业；分层作业；个性化作业

◆作业目标

1. 识字写字并会给生字组词。

2. 正确流利地读课文并能说好长句。

3. 了解一些与粽子有关系的知识，用自己的话说说粽子的样子和味道。

4. 引导学生了解我国传统节日的相关知识。

◆作业内容

以人民教育出版社一年级下册的《端午粽》为例。课前预习作业：让同学们了解端午节的来历，端午节有哪些习俗，知道农历五月初五是中国的传统节日，把孩子们融入实际生活中开展分层作业。表达能力强的孩子叙述自己所了解到的端午节的知识。学生学习生字"粽"字时教师边讲课文边图文结合，了解粽子里面裹着"米"，所以是米字旁，形象地了解"粽"字的起源，同时布置"包一包、讲一讲"的实践作业。把自己当成小作者讲一讲《端午粽》这篇课文的内容给同学们听，要求按照由外到内的顺序有条理地介绍出粽子的样子，试着加上表示颜色的词语会栩栩如生呢。吃着这么美味的粽子，心里一定是美滋滋的，还有什么词语能表达心情的？ABB式词语呢（气冲冲、笑呵呵……）设计这种弹性作业更能激发孩子自主学习的求知欲。布置课时作业，给课后的生字宝宝找朋友，组成词语比一比，谁找到的朋友多。孩子在游戏中掌握识字，教学积累词语掌握起来更轻松；画一画、周末布置画一张端午节的手抄报，回顾学过的知识，展开个性化作业。

设计意图：

线上语文教学在不能面对面教学的前提下怎样合理布置课后作业呢？课后作业是课堂教学活动的延续，一方面帮助学生巩固所学知识，提升应用能力；另一方面帮助教师诊断学生学习上的问题，提供教学上的反馈以便教师更好地掌握学情。

然而在作业布置上广泛参与完成的数量和质量是关键，孩子在乐于完成的基础上减轻学生的学习负担。既要巩固所学知识又要"双减"。明确全面压减作业总量和时长，合理调控作业结构，确保难度不超国家课标。在新的政策形势下究竟该如何布置课后作业？对于教师来说最关键的就是要解决作业设计问题。

1. 减少书面作业，控制作业时长

"双减"政策下有新变化，明确要求：小学一、二年级不布置家庭书面作业，可在校内适当安排巩固练习；小学三至六年级书面作业平均完成时间不超过60分钟。这就要求教师在课堂教学的同时提高孩子的学习能力，边学边练，做好面批面改，充分利用好课堂的有效时间。

2. 一、二年级不布置书面作业

本着低年级不布置书面作业的双减政策，安排符合低年级年龄特点和心理规律多样化的作业。语文学科教师可以让学生由读、写、背变成说、演（表演、演示）、画、唱。例如可以把拼音宝宝请到卡纸上，配上五彩缤纷的图画做成拼音小报；春风轻拂柳枝抽出嫩叶，花儿露出笑脸……学生用图文并茂的方式来描述"春"的美丽；还有"趣味识字报"，通过归类、猜字谜等方式激发低年级学生的识字兴趣，快乐识字高效学习，改变刻板的应试教育呈现固定作业模式，走进丰富的自然环境，火热的社会生活中了解日常被屏蔽的生活场景，感受被忽略视的生活细节，让孩子们走进多姿多彩的快乐教学中。

3. 分层设计作业，注重因材施教

因人而异因材施教。一个班级学生的学习水平都是参差不齐的，如果教师在布置作业的难易程度上没有任何区分，全班几十个学生做着同样的作业，对于学习好的学生他们可以轻而易举地完成，会觉得作业缺乏挑战性。而对于那些学习困难的学生，由于其接受信息的能力较弱，面对作业时常常无从下手草草应付。因此教师应该从每个学生的实际情况出发，制定适合不同层次学生的弹性作业，让"优等生吃得饱、学困生吃得了、中等生吃得好"，既可以更好地辅助教师教学又能让不同层次的学生各有所获。

对于表达能力强的学生鼓励他们参加"好书推荐""诗歌朗诵"等活动，增加学生对学习的信心和兴趣。同时教师要合理、有效的评价，这样才能达到激励学生积极向上的目的。

建议：

线上"双减"教学是一项高端的教育活动，"双减"的本质并不是减而是给孩子更大的发展空间，因此设计作业时需要注重目标和内容的一致，既要设计科学又要设计合理。优化作业设计，让作业变得生动而又有趣才能让学生化被动学习为主动学习，让作业回归生活实际才能发挥作业的育人功能，有助于下一代的健康成长。教师在教学实践中应不断学习，改进方法，总结经验，助力于时代的发展。

【案例十二】学科：语文

设计者基本信息			
姓名	王茗茗	联系电话	15904413924
地区	长春市朝阳区	学校	红旗街小学校
年级	一年级	教材版本	部编版

"双减"背景下作业设计新思维

◆评价策略

教学不能简单地看成是教师的教与学生的学,教学更侧重于教学生学会。作为教学五环节之一的作业也应该体现教学生学会的作用。让作业的功能最大化,除了利用课内课外资源,整合学科资源也是一种有效的途径。毕竟学科是相通的,而不是割裂的。部编版语文第一册《秋天》这一课,主要对秋天的树叶、天空、大雁进行描写。而一年级教科版科学上册也对秋天进行了描述,只是侧重点不一样。 设计了整合学科,丰富学生学习经历。

◆教材链接

◆作业类型

[实践性作业]

◆作业内容

1. 找找语文和科学课本中对秋天的介绍,它们有什么相同与不同?

2. 和家人说说:在秋天,你喜欢做什么?

3. 采访身边的人:秋天到了他们喜欢干什么?

4. 做树叶画。

[实践性作业]

设计意图及评价路径

第一题培养他们的观察能力,第二、三题主要锻炼学生的口语交际与语言表达能力,第四题主要培养他们的动手操作能力以及审美能力。

有了这样的作业,学生的学习就变得有趣多了。这种个性化、实践性强的作业就是利用学科间千丝万缕的联系,整合了各学科资源,让学生处在一个大的学习情境中,不断增强他们的语言能力。学生完成作业的过程也是积累语言的过程,这对他们综合素养的提高有很大帮助。

▲ "双减"背景下作业设计新思维

话题三　分类明确作业总量　丰富作业类型

理论导航

一、严格控制作业量　分层优化

小学一、二年级不留课下书面作业，三—六年级各科作业量每天不超过1小时。各年级要建立学科作业协调制度控制，当日家庭（课下）作业量，以减轻学生过重的课业负担，严禁以超量布置作业为手段惩罚学生。一、二年级虽然没有书面作业，但是提倡布置活动性、实践性的家庭作业。

数学作业分层布置策略。根据差异理论、多元智能理论，结合学生实际，将作业分为ABC三类从三个维度：作业量，作业难度，作业评价进行分层。针对学生语文能力有差异的客观事实，教师找准每类学生的最近发展区，设置不同难度层次的作业，让每一类学生都找到自己发展的空间。促进学生自主学习、巩固所学知识、内化思想方法、检查学习效果，逐步形成数学问题解决策略，通过钻研了解学情，为备课上课提供主要依据。严格控制作业量，避免机械性、想象性作业，尝试探索基于学情的弹性作业，满足不同层次学生的学习要求。

二、创新作业内容　作业形式多样化

1."学科+实践"的特色类作业

以教研组为单位创编符合学习规律，适合学生发展的家庭读书会、小小朗读者、古诗配画、绘本、七巧板拼图、创意钟面、购物清单、24点、创意书签等特色作业，激发学生兴趣，在实践中加深对知识的理解。

2."学科+实践"的实践类作业

结合传统节日，推进实践类作业的设计，制定"我们的节日"系列实践活动方案，每期活动开辟"立德、益智、健体、尚美、乐劳"五大板块，涵盖阅读、写作、劳动、锻炼、科学、艺术等多门学科，多种类型，多个维度。如：国庆节的综合实践作业包含：祖国发展我体验、生活达人我争当、社会调查我开展、精品书籍我来读、创意分享我设计、体育锻炼我能行等项目。对每期的实践作业进行展示、评价、表彰。

典型案例

【案例一】"我是跨界小能手"中秋节综合实践作业

设计方案

◆ 活动目的

皓月当空，家人团聚，花好月圆……我们将迎来中华民族的传统节日——中秋节。为引导学生积极学习中国传统文化，参与爱国主义教育活动，增强对伟大祖国、党和人民的热爱，我校特组织全体同学积极参与假期综合实践活动，让爱国之情融入学生的学习生活之中，提升学生的文化自信心和民族自豪感，过一个有意义的长假！现将"网络中国节·中秋节"假期实践作业安排如下。

◆活动主题

我是跨界小能手

活动一：中秋与语文

你知道哪些有关中秋的诗词？选择一首自己喜欢的，有感情地读给爸爸妈妈听，并用手机录好发到班级群里。

活动二：中秋与数学

发现中秋节里蕴藏的数学小知识，比如月饼的形状是什么呢？（做一份手抄报）

活动三：中秋与科学

中秋的月儿为什么圆呢？月亮上真的有玉兔和嫦娥吗？

活动四：中秋与美术

画一画中秋的美景、美食。

活动五：中秋与音乐

学唱一首有关中秋佳节的歌曲，请爸爸妈妈帮你拍下视频分享到班级群里。

以上五项作业请同学们选择两项自己最感兴趣的完成。

请将上述作业于9月22日以班级部为单位上交，学校将对学生中秋节假期综合实践作业进行评比，评选出参与奖、优秀实践作业奖若干名，并对优秀作品进行展示。

【案例二】聚焦"双减"提质 助力课堂增效

绿园区小学作业设计与评价典型案例

学科	英语	学校	绿园小学	姓名	李晨
年级	五年级	教材版本	外研社 （一年级起点）	作业名称	Module6 Unit1Unit2
教材链接					
作业类型	单元作业				
作业目标	I. [基础性作业] 掌握本单元重点词汇和句型。 复习重点词汇：build, place, thousand, circle, answer, hope, so, get, hour, amazing, take and short. 2.巩固重点句型:What will we see there? We'll see lots of very big stones. How will we get there? By car. It will take three hours. It was amazing. II. [拓展性作业] 能够对旅行计划和旅行中涉及的日常用语进行问答；能够使用一般过去时调查并汇报小伙伴日常。 III. [提升性作业] 能够介绍自己的旅行计划。				

"双减"背景下作业设计新思维

作业内容	
	Unit1 [基础性作业]（必做） 1. Listen and write the answers. 听音并写下答案。 （独立完成）3mins 1) When are Amy and Lingling going to see Stonehenge? ＿＿＿＿＿＿＿＿＿＿＿＿＿＿＿＿＿＿＿＿ 2) What is Stonehenge? ＿＿＿＿＿＿＿＿＿＿＿＿＿＿＿＿＿＿＿＿ 3) How old is Stonehenge? ＿＿＿＿＿＿＿＿＿＿＿＿＿＿＿＿＿＿＿＿ 4) What will Amy and Lingling see there? ＿＿＿＿＿＿＿＿＿＿＿＿＿＿＿＿＿＿＿＿ 5) How will Amy and Lingling get to Stonehenge? ＿＿＿＿＿＿＿＿＿＿＿＿＿＿＿＿＿＿＿＿ 6) How long will it take? ＿＿＿＿＿＿＿＿＿＿＿＿＿＿＿＿＿＿＿＿ （设计意图：利用听音回答问题的方式帮助学生回忆对话内容，复习巩固本课重点内容，夯实知识点。同时更利于培养抓关键词的听力策略。）
	评价标准： 星级达标准则——自评
	我能够听懂对话，能找到问题的关键词并能够正确书写。
	我能够听懂对话，能找到几个关键词并能够书写。
	我能够大致听懂对话，书写有一定困难。
	Unit1 [拓展作业]（必做） 同学们了解了 Amy 和 Lingling 参观巨石阵的旅行计划。 请你采访小伙伴的旅行计划，参考下列内容进行问答对话。 5mins 2. Work in pairs. Ask and answer your partner. （合作完成）5mins Make a dialogue　　Travel plan A: Where will we go ? B: We will go to＿＿＿＿. A: What will we do?　　　　　　　　　　Beijing B: We will ＿＿＿＿.　　　　　　　　　　the Great Wall 　　　　　　　　　　　　　　　　　　　　train, 5 hours A: How will we get there? B: By＿＿＿.It will take＿＿＿＿＿. .... （设计意图：在情境中初步运用本课所学重点内容进行情景对话练习，培养学生语用能力。）

评价标准：

星级达标准则——互评

语音语调标准，语言表达流畅生动。	★★★
语音语调较为标准，语言表达流畅，无明显错误，表演时有一定情感。	★★
语音语调有待提高，语言表达不够连贯，表演时无感情。	★

Unit1 [提升性作业]（选做）

3. Introduce about your travel plan. 介绍自己的旅行计划。（独立完成）

8mins

Travel Plan
- when: tomorrow
- where: the Great Wall
- what:
  1. How old is the Great Wall?
  2. What did they build it for?

My Travel Plan

Hello, everyone! My name is ____. Let me introduce about my travel plan.

Tomorrow, we will go to _____ (Where).
(When)_____(What)_____
_____(How)_____
_____ I can't wait.

（设计意图：本题让学生运用核心句型进行书面表达，夯实本课重点内容，锻炼写作能力，同时让大家了解更多的中国著名景点。）

作业内容

81

"双减"背景下作业设计新思维

	评价标准： 星级达标准则——师评	
作业内容	内容切题，语句通顺流畅，书写工整。	★★★
	内容比较具体，语句表达较清楚，有少处错误。	★★
	内容不符合时态，不规范，错误较多，字迹欠工整。	★

本次作业我总共获得_____颗星。

Unit2 [基础性作业]（必做）

1. Finish the mind map and try to retell the text. 默读后完成思维导图并简要复述。（独立完成）3mins

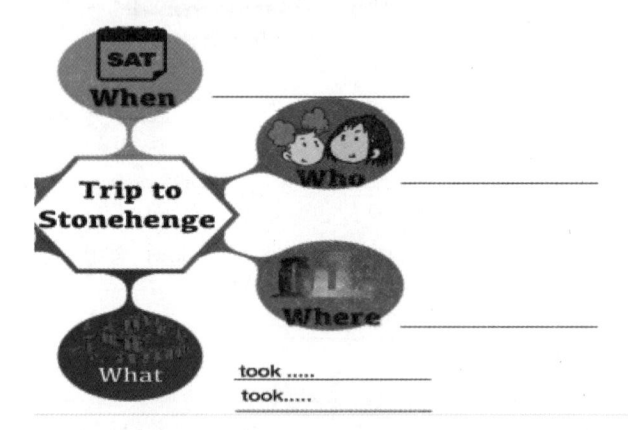

（设计意图：完成思维导图，提高学生获取关键信息的能力。通过默读完成思维导图和简要复述短文的分层任务，逐步提高交流理解能力。）

82

评价标准：

星级达标准则——自评

我能正确书写并能够流利表达。	★★★
我能够正确书写基本能够表达。	★★
书写有困难表达不流利。	★

Unit2[拓展性作业]（必做）

2. Make a survey and report it. 调查同学们周日做了哪些事情并向小组成员汇报调查结果。（合作完成）5-8mins

（设计意图：通过调查活动，帮助学生夯实本课句型，完成汇报任务，提高语用能力。）

"双减"背景下作业设计新思维

<table>
<tr><td colspan="3">评价标准：
星级达标准则——互评</td></tr>
<tr><td>语音语调标准，语言表达流利生动，汇报完整。</td><td>★★★</td></tr>
<tr><td>语音语调较标准，语言表达流畅，汇报较完整。</td><td>★★</td></tr>
<tr><td>语音语调有待提高，语言表达不够连贯，汇报不够完整。</td><td>★</td></tr>
</table>

Unit2[提升性作业]（选做）

3. Let's sing. 学唱本单元英文歌曲，根据老师提供的视频，学唱英文歌曲。如果你学会了可以获得 3 颗星奖励！（独立或合作完成）5mins

★★★

We do the same things all around the world.

We sing songs and clap along all around the world.

We go to schools and follow rules all around the world.

We play games. It's the same all around the world

世界各地的我们都一样

我们唱歌 我们鼓掌

我们上学 我们遵规守则

我们一起玩耍！

（设计意图：本选做作业与音乐学科巧妙融合。围绕本单元主题拓展学习内容，提升审美素养，朗朗上口的歌曲活跃学生身心的同时增强学生对主题学习的兴趣和自我提升的欲望。全面提升英语学科素养。）

本次作业我总共获得_____颗星。

作业内容

【案例三】学科：语文

设计者基本信息		
姓名	刘延峰	联系电话	15143040937
地区	朝阳区	学校	红旗街小学校
年级	二年	教材版本	人教社部编版

◆评价策略

本单元以写景为主，结合语文学科评价策略，分层进行口语练习，从基本理解词语到能正确在一定的环境下使用，从正确、流利地表达和较清楚完整地描述来进行评价。

◆教材链接

部编版小学语文二年级上册第48页

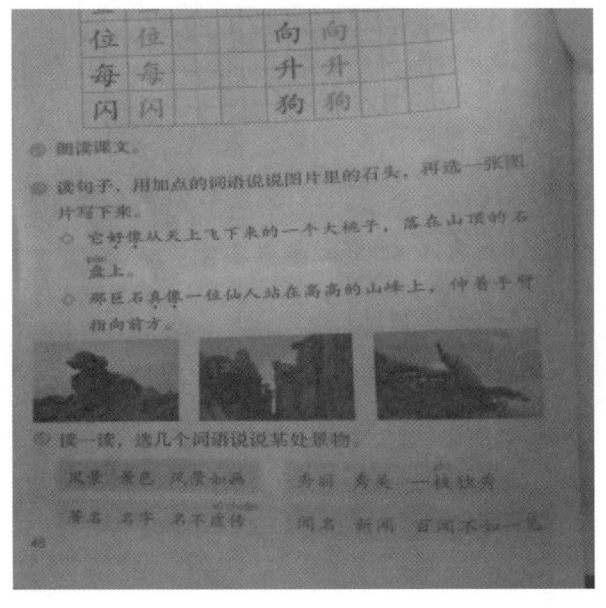

◆作业类型

课时作业

◆作业内容

第九课《黄山奇石》，课后读一读，选几个词语说说某处景物。以这道题为基本在此基础上进行分层口语练习。第一层：认读词语，初步明了这些词语的意思。会用其中的几个词语造句。第二层：运用几个词语说说自己游览过的景物，注意要有一定的条理性。第三层：你还知道哪些描写景物的词语？说一说并且用在你了解的景物里。

◆设计意图及评价路径

这一单元围绕"家乡"这个主题，内容涵盖古今，跨越海峡，表现了祖国的辽阔和美丽，激发学生热爱祖国山河的感情。本单元以写景的文章为主，语言优美生动形象。为了更好地引导学生学习课文的语言表达，强化词语的积累和运用，所以结合课后练习的安排，通过口语练习的途径不断提升学生的语言表达能力。分层的设计和练习体现了对不同程度的学生的能力训练的实效性。

【案例四】学科：语文

设计者基本信息				
姓名	刘晓丽	联系电话	15943060801
地区	长春市朝阳区	学校	红旗街小学校
年级	三年	教材版本	部编版

◆评价策略

作为老师，我定会把"双减"政策落实到教学工作当中去，让孩子们真正感受到"双减"政策给他们带来的新变化。

我认为具体的做法有：

1.学习课程标准，对课程标准有新的认识，更新教学理念，明白减负并不是单纯地减少作业数量，关键是如何在"减负"的同时提高质效。

加强集体备课，认真钻研教材，使各单元的教学目标更加明确。根据单元目标制定合理的课时教学目标，并根据各班的实际情况，修改教案，有针对性地对语文知识和能力进行训练。

2.精心设计课堂练习，围绕听说读写相结合进行。

3.找出本篇课文中想象说话的训练点，进行说话练习。

4.课外作业，精心筛选，认真编排，如在教学中总结出经典基础性作业和练习，作为常规试题认真练习。

5.设计分层作业：针对各班级不同学生的特点，设计一些必做题和选做题，学生可以根据自己的爱好和能力选做作业。

总之，练习只是手段，让学生在课后得到巩固才是最终的目的，为了达到这个目的，作为教师要精细设计每一个课堂作业，做到少而精，让学生在乐中得到学习，得到巩固，增强练习的有效性。

◆教材链接

◆作业类型

书面作业、实践性作业

◆作业内容

1. 把课文中优美的词句摘抄在采蜜本上。

2. 搜集有关祖国风光的谚语背一背。

3. 对西沙群岛你们还了解多少呢?请到课外广阔的天地中查找有关的图片和资料,收集整理成一份手抄报。在班上交流那就更有趣了。

4. 夸夸你心中的西沙群岛吧。

5. 这篇课文是围绕"那里风景优美,物产丰富,是个可爱的地方"这句话写的。请你也选择一句自己喜欢的话并围绕这句话把内容写具体。

(如:公园里的花真美丽、超市真热闹、夏天真热等)

备注(选择其中的3道题做一做)

◆设计意图

请学生自由选择,并根据他们的自身水平确定为基础、发展、创造三级目标。要求一般学生能实现基础目标,努力完成发展目标;基础较好的学生努力完成创造目标。这样让学生针对自身情况,自主选择合适的作业,促使他们语文能力得到有效发展。

【案例五】学科:语文

设计者基本信息			
姓名	张淑娟	联系电话	15043093336
区域	朝阳区	学校	朝阳区红旗街小学校
年级	三年	教材版本	统编版

◆教材链接

9 古诗三首

元 日

〔宋〕王安石

爆竹声中一岁除，
春风送暖入屠苏。
千门万户曈曈日，
总把新桃换旧符。

注释
①〔元日〕指农历正月初一。
②〔屠苏〕屠苏草泡的酒，一般在元日饮用，据说可以祛除瘟疫。
③〔曈曈〕太阳刚出来时光辉灿烂的样子。
④〔新桃换旧符〕用新桃符换下旧桃符。桃符은桃木制成，上面绘有神像，据说挂在门上可以求祛邪避祸，是春联的前身。

清 明

〔唐〕杜 牧

清明时节雨纷纷，
路上行人欲断魂。
借问酒家何处有？
牧童遥指杏花村。

注释
①〔清明〕我国传统节日，有扫墓、踏青等习俗。

九月九日忆山东兄弟

〔唐〕王 维

独在异乡为异客，
每逢佳节倍思亲。
遥知兄弟登高处，
遍插茱萸少一人。

注释
①〔九月九日〕指农历九月初九重阳节。
②〔山东〕此处指华山以东。
③〔登高〕重阳节有登高的习俗。
④〔茱萸〕一种香气浓烈的植物，古人在重阳节有插戴茱萸的习俗。

屠 苏 魂 酒 牧 兄

屠苏	换	旧	符	欲	魂
借	酒	牧	独	异	佳

◎ 有感情地朗读课文。背诵课文。默写《清明》。
◎ 这三首诗分别写的是哪个传统节日？写出了什么样的节日情景？

89

◆作业类型

课时作业

◆作业目标

1. 认识"屠、苏"等7个生字,会写"符、欲"等11个生字。

2. 能有感情地朗读课文、背诵课文。默写《清明》。

3. 借助注释了解诗句的意思,描述诗中的节日情景,感悟古诗表达的情感。

4. 积累、诵读优秀课外诗文,在比较、欣赏中了解祖国传统节日和节日的风俗。

◆作业内容

学生根据自身实际情况自主选择作业内容及数量。

[基础性必做题]

背诵《元日》《清明》《九月九日忆山东兄弟》,默写古诗《清明》。

认读语文书后7个二类字,书写11个一类字并组词。

[提升性选做题](2选1)

类文阅读

秋夕

【唐】杜牧

银烛秋光冷画屏,

轻罗小扇扑流萤。

天阶夜色凉如水,

卧看牵牛织女星。

注释：

秋夕：秋天的夜晚。

银烛：银色而精美的蜡烛。

画屏：画有图案的屏风。

轻罗小扇：轻巧的丝质团扇。

流萤：飞动的萤火虫。

天阶：露天的石阶。

牵牛织女星：两个星座的名字，指牵牛星、织女星。

1. 这首诗描写的是（　　）节的场景，你是从诗中的哪个词语看出来的。

A. 清明　　B. 中秋　　C. 七夕　　D. 元宵

2. 诗中的（　　）字最能体现全诗的感情基调。

A. 冷　　B. 秋　　C. 夕　　D. 卧

3. 这首诗写的失意宫女的生活。诗中写了她们的什么活动？请用自己的话写出来。

除夜作

【唐】高适

旅馆寒灯独不眠，

客心何事转凄然。

故乡今夜思千里，

霜鬓明朝又一年。

注释：

霜鬓：白色的鬓发。

1. 这首诗描写的节日是（　　）

A. 中秋节　　B. 除夕　　C. 大年初一　　D. 元宵节

2. 诗人所在的地点是（　　）

A. 异乡家里　B. 故乡家里　C. 异乡旅馆　　D. 故乡旅馆

3. 这首诗表达的感情是（　　）

A. 对新一年的希望

B. 对岁月流逝的感伤

C. 对家乡亲人的思念

D. 对家乡的思念和年复一年老大无成的伤感

4. 试着翻译前两句古诗。

[拓展性挑战题]（2选1）

学有余力的同学你可以尝试背诵以下两首宋词中的一首，你敢来挑战一下吗？

青玉案·元夕

【宋】辛弃疾

东风夜放花千树。更吹落、星如雨。宝马雕车香满路。凤箫声动，玉壶光转，一夜鱼龙舞。

蛾儿雪柳黄金缕。笑语盈盈，暗香去。众里寻他千百度，蓦然回首，那人却在，灯火阑珊处。

生查子·元夕

【宋】欧阳修

去年元夜时，花市灯如昼。

月上柳梢头，人约黄昏后。

今年元夜时，月与灯依旧。

不见去年人，泪湿春衫袖。

课外阅读推荐

有兴趣的同学读一读这本《中国传统节日故事》你会对祖国的传统节日有更多的发现哦。

◆设计意图

[基础性必做题] 2022版《义务教育语文课程标准》中指出：学生要具有正确、规范运用语言文字的意识和能力。设置本环节目的在于培养学生良好的朗读、写字习惯，巩固课堂所学生字词，结合学生已有知识，加强对拼音等基础知识的日常训练，帮助学生积累并运用词语，提高使用工具书的能力，促进字词学习能力的提高，从而达到学以致用的目的。

[提升性选做题] 2022版《义务教育语文课程标准》中第二学段【阅读与鉴赏】中要求：诵读优秀诗文，注意在诵读过程中体验情感，展开想象，领悟诗文大意。通过类文阅读可以拓展学生思维，有助于学生更好地感悟、理解古诗表达的情感。

[拓展性挑战题]

阅读延伸的目的在于增加积累，主要针对班级优等生。语文是需要大量积累的学科，从小学开始积累大量的古诗词对今后学生升入初高中的学习都大有好处。《青玉案·元夕》和《生查子·元夕》是两首非常经典的宋词，学有余力的同学可以积累下来，对学生今后的学习语文有很大帮助。挑战题型的设计在巩固课文内容理解的基础上，可以进一步提升学生的语文素养。

◆激励措施

用多种形式反复考查各层次学生情况，对学生的点滴进步及时给予肯定。如：课前展示、口头表扬、奖励积分卡，让每个学生都有努力的愿望。通过不同形式的评价标准使每个学生都看到自己的进步，体会到成功的喜悦。

◆ 实际效果

[基础性必做题] 大多数学生能做到书写较规范、认真。少数学生在写词语时容易出错。

[提升性选做题] 难度稍有提高，但是一半以上的学生也都可以完成，主要看教师的激励措施是否能够跟得上。

[拓展性挑战题] 难点最大，更具挑战性。只有三分之一的同学能够完成。

◆ 建议

1.布置预习学习内容的作业。小学中段学生已经具备自学能力，可以根据自己的学习能力，尽其所能对课文进行自主预习，以便有准备地进入课堂学习，更有利用学生发挥潜能成为课堂的主人。

2.布置综合实践类作业，比如诗配画，这样的作业学生乐于完成，也有助于理解诗意。

【案例六】学科：语文

《海滨小城》作业设计

◆ 评价策略

1.重视过程性评价。学习是一个持久、长期的过程，在这个过程中我认为要着重关注学生的学习能力和学习品质的形成，所以注重过程评价不仅是重视对学生学习活动结果的评价，还要对学生学习过程中的每一个局部都应做出评价。

2.注重多元主体参与学生的评价。评价不仅仅是老师一个人的事情,而是要多方参与。加强与家长的联系,调动家长和学生参与评价的积极性,使学生能够及时了解自己的进步和不足,从而改进自己的学习。

◆教材链接

⑲ 海滨(bīn)小城

我的家乡在广东,是一座海滨小城。人们走到街道尽头,就可以看见浩瀚(hàohàn)的大海。天是蓝的,海也是蓝的。海天交界的水平线上,有棕色的机帆船和银白色的军舰来来往往。天空飞翔着白色的、灰色的海鸥(ōu),还飘着跟海鸥一样颜色的云朵。

早晨,机帆船、军舰、海鸥、云朵,都被朝阳镀(dù)上了一层金黄色。帆船上的渔民,军舰上的战士,他们的脸和胳臂(gē bei)也镀上了一层金黄色。

海边是一片沙滩,沙滩上遍地是各种颜色、各种花纹的贝壳。这里的孩子见得多了,都不去理睬(cǎi)这些贝壳,贝壳只好寂寞地躺在那里。远处响起了汽笛声,那是出海捕鱼的船队回来了。船上满载(zài)着银光闪闪的鱼,还有青色的虾和蟹,金黄色的海螺。船队一靠岸,海滩上就喧(xuān)闹起来。

小城里每一个庭院都栽了很多树。有桉(ān)树、椰子树、橄榄(gǎn lǎn)树、凤凰(huáng)树,还有别的许多亚(yà)热带树木。初夏,桉树叶子散发出来的香味,飘得满街满院都是。凤凰树开了花,

95

▲"双减"背景下作业设计新思维

> 小城的公园更美。这里栽着许许多多榕树。一棵棵榕树就像一顶顶撑开的绿绒大伞，树叶密不透风，可以遮太阳，挡风雨。树下摆着石凳，每逢休息的日子，石凳上总是坐满了人。
>
> 小城的街道也美。除了沥青的大路，都是用细沙铺成的，踩上去咯吱咯吱地响，好像踩在沙滩上一样。人们把街道打扫得十分干净，甚至连一片落叶都没有。
>
> 这座海滨小城真是又美丽又整洁。
>
> 滨 鸥 胳 臂 踩 栽 凰 亚 榕 凳 逢 除
>
> 滨 灰 渔 遍 躺 载 靠
> 栽 亚 夏 除 踩 洁
>
> ◎ 朗读课文。说一说，课文写了海滨小城的哪些景象？这些景象是什么样的？
> ◎ 有些句子很重要，可以帮助我们理解一段话的意思，你能从课文中找出来吗？
> ◎ 在课文中画出你认为写得好的句子，抄写下来和同学交流。

◆作业类型

《海滨小城》是部编版教材，小学语文三年级上册第19课的课文，这篇课文介绍了家乡海滨小城美丽的景色，抒发了作者热爱家乡的感情。作者描写海滨的景象由远及近，突出景物色彩斑斓的描写，这些丰富多彩的颜色展示了海滨的美丽。作者再写小城美丽的景色。分别描写了小城的庭院、公园、街道三处景物突出了美丽、整洁的特点。课文先写海滨再写小城，把小城放在海滨这个大的背景下更加突显小城的美丽。

结合本单元的语文要素——借助关键语句理解一段话的意思。习作的时候试着围绕一个意思写。在本课的课时作业设计中采取书面作业与实践作业相结合的形式,在夯实基础知识的同时设置开放性的作业内容,加强学生自主阅读实践活动,加强学生对写景状物这一类文章特点的感悟,进一步学习抓住事物特点、按空间变换顺序记叙的表达方法,在体会作者热爱家乡的感情的同时,增强热爱祖国大好河山和环境保护意识。

◆作业内容

【必做内容】

一、给带点的字选择正确的读音。

海滨(bīn bīng)　　胳臂(bì bei)　　理睬(cǎi chǎi)

栽(zāi zhāi)树　　喧(xiān xuān)闹　　除(cú chú)了

二、比一比再组词。

宾(　)　睬(　)　密(　)　笼(　)

滨(　)　踩(　)　蜜(　)　拢(　)

三、下面的图片分别是什么树你能猜出来吗?

(　　)

(　　)

(　　)

(　　)

97

▲ "双减"背景下作业设计新思维

自我评价：

以上习题涵盖了本课需要掌握的生字、词语等内容

我完成起来：a. 没问题；

b. 个别字掌握不熟练还需依靠书本；

c. 有很多不会的还需要多复习。

【选做内容】

①有感情地朗读海滨小城带给我们的魅力并填写表格，思考课文描写了海滨小城的哪些场景？

内容：场景	对应段落：
海滨	
小城	
让你感到有兴趣的句子	

②阅读课文相关内容画一份《海滨小城导航图》。

小贴士：要想完成这个内容一定要认真阅读课文中描写海滨和小城的部分，根据课文提示想象出海滨小城导航图，制作导航图要按照空间顺序画清楚。

③用思维导图的形式画一画课文中关于海滨小城的场景。

小贴士：关于海滨小城的场景侧重于写景，我们要把握住在不同的地点安排材料，画好不同的景物按一定的顺序观察景物哦！

【挑战内容】

变身小导游。问一问爷爷奶奶、外公外婆、爸爸妈妈他们以前去没去过海滨城市，如果去过听听他们的讲解；如果没去过根据课文为他们讲解，更好地增强热爱祖国大好河山的感情。

◆设计意图及评价路径

我们不能因为"双减"而不敢留作业，怕引火上身，而应该是在"双减"政策下给学生减压增效提能。语文是基础教育课程体系中的一门重点教学科目，其教学的内容是语言文化，语文能力是学习其他学科和科学的基础，是人们相互交流思想等的工具。既然需要交流，那么语言表达、书面表达都离不开书写，面向全体同学布置的基础性作业是对教材中基础知识的检测也就是【必做内容】，在完成后有一个自我评价，学生可以根据自身情况先进行自我评价，教师在后期可以给予帮助或者纠正。

为了培养学生们从语言文字中提取重要信息的能力以及对知识的迁移能力，提升语文能力和语文素养，增强语文作业的趣味性和实用性，在【选做内容】的第三项中设计利用思维导图画一幅《海滨小城的场景》。在课上可以进行展示并加以说明，同学们相互交流、小组内互相评价。

作业设计实践中有一定的深度和趣味，此问题需要解释和说明，同时向对方表示你对他们说的话很感兴趣，还想了解更多的内容。锻炼学生多渠道练说、多形式练习口语表达能力，激发学生的学习积极性，寓学于乐，有利用提高学生的语文素养。因此在【挑战内容】设计了"变身小导游。问一问爷爷奶奶、外公外婆、爸爸妈妈他们以前去没去过海滨城市，如果去过听听他们的讲解；如果没去过根据课文为他们讲解，更好地增强热爱祖国大好河山的感情。"这项作业调动家长参与的积极性，更能提高学生做作业的热情和兴趣。

【案例七】学科：语文

◆教材链接

部编版小学语文三年级下册第五课《守株待兔》

◆作业类型

书面作业

◆作业目标

1. 学困生降低难度，确保完成基础目标。

2. 中等生保持难度，努力完成发展目标。

3. 优等生增加难度，努力实现创造目标。

◆作业内容

[基础巩固篇]

一、给下列字选择正确的读音，用"＿＿＿"标出。

宋（sòng shòng）　　冀（jì yì）　　颈（jǐn jǐng）

守（shǒu shuǒ）　　释（sì shì）　　触（chù cù）

二、拼写词语我最棒。

gēng tián　　　　chù dòng　　　　shì huái　　　　qí tā

☐☐　　　　☐☐　　　　☐☐　　　　☐☐

三、形近字组词。

守：（　　）（　　）　　株：（　　）（　　）

待：（　　）（　　）　　宋：（　　）（　　）

耕：（　　）（　　）　　触：（　　）（　　）

颈：（　　）（　　）　　释：（　　）（　　）

四、选择题。

1. 下列选项中没有错别字的一项是（　　）

A. 耕耘　颈部　触摸　守株侍兔　　B. 娇傲　伐价　棒着　没精打采

C. 倒应　匀均　欣赏　无优无虑　　D. 一致　遵循　生涯　滔滔不绝

2. 下列句子中加点字的解释有误的一项是（　　）

A. 因释其耒而守株（释：放下）　　B. 冀复得兔（冀：希望）

C. 兔走触株（走：走路）　　D. 田中有株（株：树桩）

3.《守株待兔》中宋国人笑农夫的原因理解错误的一项是（　　）

A. 笑他光想着捡兔子而荒废了田地顾此失彼

B. 笑他捡到了撞死在树桩上的兔子

C. 笑他想不劳而获最终事与愿违

D. 笑他错误地把偶然性当作必然性来看待

五、给加点字选择正确的意思。（填序号）

存：①保留；留下。②蓄积。③寄放。④怀有；怀着。⑤活着。

1. 新建的水库已经存满了水。（　　）

2. 我把行李先存在这儿回头再来取。（ ）

3. 如果不变法朝廷将面临生死存亡的局面。（ ）

4. 《清明上河图》现在还完整地保存在北京故宫博物院里。（ ）

5. 风筝跑了我们怎么找也没有找到，已经不存在任何希望了。（ ）

六、将下列寓言故事补充完整，再想想它们说明了什么道理，选择合适的将序号填在对应的方括号里。

掩（ ）盗铃 [ ]　　刻（ ）求剑 [ ]　　井底之（ ）[ ]

画（ ）添足 [ ]　　杯弓（ ）影 [ ]　　杞人忧（ ）[ ]

A. 比喻不懂事物已经发展变化仍静止地看问题。

B. 比喻自己欺骗自己，明明掩盖不住的事情偏要想法子掩盖。

C. 比喻见识狭窄的人。

D. 比喻不必要的或缺乏根据的忧虑和担心。

E. 比喻因疑神疑鬼而引起恐惧。

F. 比喻做了多余的事非但无益反而不合适。

七、连线题

《狗的友谊》　　《韩非子·难一》　　俄罗斯

《自相矛盾》　　《伊索寓言》　　　　中国

《亡羊补牢》　　《战国策·楚策四》

《农夫与蛇》　　《克雷洛夫寓言》　　古希腊

[能力提升篇]

一、课文感知。

读了《守株待兔》这则寓言故事我明白了：_____

_____道理。

二、选择填空。

"虚"在字典中的解释有：①虚弱；②虚心；③不真实的。请为下列句子中加点的"虚"字选择合适的意思（填序号）。

1. "不敢铁罐兄弟。"陶罐谦虚地回答。（　　）

2. 张老师刚出院身子还很虚，需要在休养一段时间。（　　）

3. 看完小李写的文章我觉得他只是徒有虚名并无真才实学。（　　）

三、补充下列词语并选词填空。

邯郸（　）（　）　　滥竽（　）（　）　　（　）（　）盗铃

（　）（　）添足　　杞人（　）（　）　　（　）（　）之蛙

（　）（　）蛇影　　刻舟（　）（　）　　守株（　）（　）

（1）_____比喻见识狭小的人。

（2）_____借指没有真正的才干而混在行家里面充数。

四、写出下列句子的意思。

1. 因释其耒而守株。

_____

2. 冀复得兔。

_____

五、按要求写句子。

1. 人们把土都掘遍了。（改为"被"字句）

_____

2. 这四条腿太细了,怎么配得上我这两只美丽的角呢！（改为陈述句）

_____

3. 我安闲地躺在柔软的泥土里，像贵妇人躺在鸭绒垫上一样。（仿写比喻句）

_____

4. 兔走触株，折颈而死。（用现代汉语翻译句子）

_____

六、读课内文段完成练习。

守株待兔

宋人有耕田者。田中有株。兔走触株，折颈而死。因释其耒而守株，冀复得兔。兔不可复得，而身为宋国笑。

1. 解释文中加点的词。

①兔走触株（　　　）　　②因释其耒而守株（　　　）

③冀复得兔（　　　）　　④而身为宋国笑（　　　）

2. 下列句子中加点的"为"与"而身为宋国笑"中的"为"意思相同的一项是（　　）

　　A. 舌一吐而二虫尽为所吞　　B. 为人谋而不忠乎

　　C. 始悟为山市　　　　　　　D. 此何遽不为福乎

3. 翻译文中画"_____"的句子。

_____

4. 为什么宋人不会再得到兔子？

_____

_____

七、课外阅读。阅读寓言故事，完成练习。

南辕北辙

从前有一个人要从魏国到楚国去。楚国明明是在魏国的南边，可这个人却乘着车一直向北走。

路上有人告诉他说："到楚国去要向南走。你这样走方向不对。"

那人回答说："不要紧，我的马好。"

"不管你的马多好，朝着这个方向走是到不了楚国的！"

"没关系，我带的路费很多。"

"路费再多也到不了楚国呀！"

"那也不碍事，我的车夫赶车的本领高。"

那个要到楚国去的人依仗自己条件优越，始终认识不到错误，还是坚持错误的方向，继续向北走去。其实照这样走下去，他的条件越好就会离他要去的楚国越远。

1. 根据短文内容填空。

这个人要从_____到_____去，楚国在魏国的_____，他却一直向_____走。

2. 这个人始终不肯改变方向是因为他认为自己有三个理由，一是认为自己的马很好，二是认为自己_____，三是认为车夫_____。

3. 为什么说"照这样走下去，他的条件越好就会离他要去的楚国越远"？请在正确答案的序号上打"√"。

A. 他始终坚持错误的方向不改正。　　B. 他的马跑得太快了。

C. 他不知道楚国在什么地方。　　　　D. 他弄不清楚东南西北。

4. 这则寓言告诉我们的道理是（　　　）。

A. 无论做什么事情都要虚心听取别人的意见

B. 无论做什么事情都要想清楚以后再去做

C. 无论做什么事情都不要自以为是

D. 无论做什么事情首先要选择正确的方向和路线，方向对头才能充分发挥有利的条件

5. 你还积累了哪些寓言故事,请把题目写在下面的横线上。

_____

_____

◆设计意图

1. 学困生控制作业量,确保基础知识的掌握。增加基础知识的作业量,减少有难度知识的作业量。

2. 优等生减少作业量,给予自由发挥的空间。优等生对于教材知识掌握较快,适当减少他们做基础练习的量,从简单、机械练习中解放出来,拥有足够的时间自己去做一些融综合性、灵活性于一体的高智力题。

【案例八】学科:语文

《童年的水墨画》作业设计

刘晓丽

◆本课目标

1. 认识"墨、染"等5个生字,会写"墨、染、竿"等11个生字,正确读写"水墨画、葫芦、蘑菇"等13个词语。

2. 能有感情地朗读课文。能运用多种方法理解难懂的诗句。背诵《溪边》。

3. 能说出在溪边、江上和林中分别看到的画面。

◆目标要求

1. 对学习汉字产生浓厚的兴趣,养成主动识字的习惯。

2. 硬笔书写规范、端正、整洁,养成良好的书写习惯。

3. 能联系上下文，理解词句的意思。能借助字典、词典和生活积累理解词语的意义。

4. 阅读时能提出不懂的问题并试着解决。

5. 积累课文中的优美词句、精彩句段以及在课外阅读和生活中获得的语言材料。能够将生活和想象结合，组织语言进行想象力训练。

◆作业内容

学生根据自身实际情况自主选择作业内容及数量。

A 层学生常布置书写生字、新词，及时布置字词复习类作业，弥补字词掌握的缺陷，提高使用工具书的能力，促进字词的学习能力提高。

[基础性必做题]

1. 看拼音写词语。

　　shuǐ mò　　rǎn lǜ　　diào gān　　fěn suì　　làng huā
　（　　）（　　）（　　）（　　）（　　）

2. 比一比组成词语。

葫（　　）拔（　　）蘑（　　）菇（　　）
胡（　　）扷（　　）磨（　　）姑（　　）

3. 在括号里填上适当的量词。

一（　）水葫芦　一（　）山花　一（　）红蜻蜓
一（　）斗笠　一（　）雨珠　一（　）小手

[提升性选做题]（3选2）

1. 根据例子仿写词语。

清清爽爽：（　　）（　　）（　　）（　　）
一朵朵：（　　）（　　）（　　）（　　）

107

2.如果溪边是一幅画的话不知你在画上都看到了什么？

_____

3.根据意思写词语。

（1）中国画的一种。用水墨或以水墨为主略施淡彩的绘画。（   ）

（2）遮阳光和雨的帽子、有很宽的边、用竹篾夹油纸或箬竹的叶子等制成。（   ）

（3）古代官员所用的玉饰腰带。（   ）

[拓展性挑战题]（2选1）

1.课外阅读（一）

怎么去奶奶家

我们怎么去奶奶家？

是骑自行车

还是坐火车

或者乘公交车

还是坐飞机？

当然了，要是我们生活在很久很久以前

我们就会骑着驴或者马

去看望奶奶；

要是我们生活在未来

我们就可以坐火箭去

顺便在我们的太空服口袋里装一颗星星送给奶奶。

怎么去奶奶家？

我们还可以坐轿车，去不过我们还是走着去吧

奶奶就住在

马路那头的

另一个街区里。

（1）奶奶家离"我们"（远不远）你是从哪里看出来的？用"——"画出来。

（2）"我"想了哪些去奶奶家的方法？请用自己的话概括出来。

_____

（3）你觉得"我"是个怎样的孩子？

_____

_____

2. 课外阅读（二）

雨

窗外

已经下起了雨。

可是妈妈

你不要阻拦我呀！我要到雨中去。

我戴上草帽。

我跑到雨里。

我变成一把伞。

伞在风雨里飞着

给没带伞的行人遮雨。

当雨停了

我就又飞走了，飞进雨后翠绿的树林里。

妈妈也许你不见了女儿

你很着急

你怕我淋湿了雨。

你跑到街上

问雨后的风

问天上的虹

问每个行人:

我的女儿她在哪里?

你来到林中

问小鸟

问花朵

问叶子上滴落的雨滴:

我的女儿她在哪里?

它们都说:

那可是个淘气的小姑娘呀

她又在和我们捉迷藏吧

谁知道她会藏到哪儿呢!

雨后。

林中。

蘑菇洒了一地。它们最喜欢在雨后游戏。妈妈当你伸手刚要采下那个最白、最胖的蘑菇时

忽然

它变了

变成了你的女儿

她眨巴着眼睛

笑眯眯地望着你

妈妈我又回来了!

你看我仍戴着草帽呀

草帽上还挂着彩色的雨滴。

(1)"我"没有变成(   )。

A.雨伞　　B.雨滴　　C.蘑菇

(2)"我"要去雨里干什么?下列说法不正确的是(   )。

A."我"要去树林中寻找大大的蘑菇

B."我"要去给没带伞的行人遮雨

C."我"要去和小鸟、花朵、叶子捉迷藏

(3)在雨中"我"的心情是怎样的(   )?

A.着急　　B.害怕　　C.高兴

(4)你觉得"我"是个怎样的小姑娘?

◆设计意图

A类基础性必做题:根据《语文课程标准》设置,本环节的目的在于培养学生良好的写字习惯,巩固课堂所学生字词,结合学生已有知识加强对拼音等基础知识的日常训练,帮助学生积累并运用词语,从而达到学以致用的目的。

B类提升性选做题:字词句的理解运用、语段文章的归纳概括,迁移类小练笔等。目的在于提高学生的想象力、锻炼语言表达及概括的能力。三年级的学生已具有一定的阅读的能力,对文章"按事情发展顺序"的表达方式有了一定的了解,引导学生说一说吹肥皂泡的顺序,可以使学生的思路清晰，语言更具有条理性，还能在说一说、写一写的潜移默化中提高学生的语文综合素养。

C类拓展性挑战题：课外阅读延伸、迁移类小练笔等。目的在于拓展课外延伸，增加积累增广见闻。根据三年级学生形象思维较发达的特点，语文教学要着力发展学生的形象思维能力。挑战战题型的设计，在巩固课文内容理解的基础上，培养了学生合理想象的能力和语言组织表达的能力。

◆激励措施

用多种形式反复考查各层次学生情况，对学生的点滴进步及时给予肯定。要创造机会让每个层次的学生有表现自己的机会和可能通过不同形式的评价标准使每个学生都看到自己的进步，体会到成功的喜悦。好的评价反馈是对学生学习的最高奖赏，是激励学生学习的有力手段。对不同层次的学生应采用不同的评价标准。对学困生采用表扬评价，寻找其闪光点，及时肯定他们的点滴进步；对中等生采用激励性评价，既指明不足又指出努力方向，促使他们积极向上；对优等生采用竞争性评价，坚持高标准严要求，促使他们更加严谨谦虚，不断超越自我。这样通过评价，激发学习热情，提高学习积极性，从而在班级中形成竞争意识，使不同层次的学生都有成功的机会。

◆实际效果

A类基础性必做题大多数学生能做到书写较规范、认真。少数学在写词语时生字容易出错。

B类题难度稍有提高，偏重于提高学生的想象力、锻炼语言表达及概括的能力。部分学生较好。

C类题目难点最大，更具挑战性。少部分学生语言优美，富有想象力。

◆调整设计

1.布置预习学习内容的作业。小学中段学生已经具备自学能力,可以根据自己的学习能力,尽其所能对课文进行自主预习,以便有准备地进入课堂学习,更有利用学生发挥潜能成为课堂的主人。

2.布置落实训练目标的作业。根据课时目标紧紧围绕目标,布置有针对性的作业。

3.布置口头识记的作业。如:课文的朗读与背诵,二会字的识记等。

4.布置观察、收集类。

▲ "双减"背景下作业设计新思维

话题四　提高作业设计质量 践行作业分层

理论导航

一、加强作业设计

作业是学生运用知识锻炼能力的实践活动，是使学生牢固掌握知识和技能的重要手段，是教师检查教学效果，掌握反馈信息，及时弥补知识缺漏，不断改进教学的必要措施。

1. 布置和检查课外作业是课堂教学的继续，是学生巩固所学知识和教师反馈教学效果、改进教学的重要手段。教师必须精心设计作业并认真批改。

2. 设计作业要符合课程标准和学习实际目的，明确精选内容，难易适度，深化拓展，避免搞题海战术和机械重复练习，要有科学和系统性。

3. 作业设计难易适度。作业难易程度以班内大多数学生学习水平为基础。要因人而异有必做题有选做题。

二、劳逸结合　减负提质

设计实践性作业、反思性作业、积极探索口头作业。书面作业也要形式多样,如设计思维导图、故事结局辨析、不同观点评析等。作业内容要克服随意盲目、简单重复、不重实效等问题,要充分利用好教材中的活动。

要在作业数量、时间方面进行有效控制。对于学习基础差的学生来说做一些传统的、基础的作业。学有余力的学生完成一些能力提高方面的作业。作业的设计要有目的性、针对性、层次性。

增加体育活动、丰富体育活动形式,强健体魄能使学生大脑得到充分休息,身心得到平衡。"双减"政策赋予了老师们作业设计更广的思考空间,借力"双减"政策的东风,教师应用心、用爱共筑有温度的教育,让孩子们在"双减"政策的阳光下健康、快乐地成长。

典型案例

【案例一】学科:语文

部编版语文三年级"双减"分层书面作业设计

单元名称	第三单元	课题	8 卖火柴的小女孩	节次	
作业类型			作业内容	设计意图	
基础性作业（必做）	1. 认真读,写工整 　　又冷又黑的大年夜,街头一位穿着_____(jiù wéi qún)、赤着脚的小女孩,因卖不掉火柴不敢回家。又冷又_____(è)的她为了让自己_____(nuǎn huo)一些,五次擦燃火柴。在火柴的_____(liàng guāng)中看到了种种幻象。第二天_____(qīng chén),人们才发现_____(kě lián)的小女孩冻死在了街头。			意图:通过书写练习,巩固生词字的掌握。	

基础性作业（必做）	2.读完课文我们知道，小女孩一共擦燃了五次火柴，每次擦燃后她都看到了什么？表达了她怎样的愿望？请你根据课文内容连一连。 第一根火柴　　看到喷香的烤鸭　　渴望感受节日的幸福 第二根火柴　　看到慈爱的奶奶　　渴望得到温暖 第三根火柴　　看到温暖的大火炉　　渴望家人的疼爱 第四根火柴　　看到和奶奶一起飞走了　　渴望得到食物 一大把火柴　　看到美丽的圣诞树　　渴望光明和快乐	意图：通过连线梳理文脉，厘清事件。
	3.聚焦片段正确理解。 　　她的一双小手几乎冻僵了。啊，哪怕一根小小的火柴对她也是有好处的！她敢从成把的火柴里抽出一根在墙上擦燃了来暖和暖和自己的小手吗？她终于抽出了一根。哧！火柴燃起来了，冒出火焰来了！她把小手拢在火焰上。多么温暖多么明亮的火焰啊，简直像一支小小的蜡烛。这是一道奇异的火光！小女孩觉得自己好像坐在一个大火炉前面，火炉装着闪亮的铜脚和铜把手，烧得旺旺的、暖烘烘的多么舒服啊！唉这是怎么回事呢？她刚把脚伸出去想让脚也暖和一下，火柴灭了，火炉不见了。她坐在那儿手里只有一根烧过了的火柴梗。 （1）请从这段话中找到"寒冷"的反义词：（　　）找到"奇特"的近义词：（　　） （2）"哧！……这是一道奇异的火光！"画线的句子连用了三个感叹号，请你再读读边读边感受，如果将这些感叹号换成句号，你认为哪种更好？说说你的理由。 _____ _____ _____ _____。	意图：阅读重点段落深化对课文内容的理解。

拓展性作业（选做）	1. 我会给多音字选择正确读音。 （1）爷爷家的这几（jī jǐ）张桌子几（jī jǐ）乎都要散架了。 （2）敌人一直在拼命挣（zhèng zhēng）扎。 （3）妈妈做的饭菜喷（pèn pēn）香可口，我最爱吃。 2. 课内阅读。 　　第二天清晨这个小女孩坐在墙角，两腮通红，嘴上带着微笑。她死了在旧年的大年夜，冻死了。新年的太阳升起来了，照在她小小的尸体上。小女孩坐在那儿，手里还捏着一把烧过了的火柴梗。 　　"她想给自己暖和一下……"人们说。谁也不知道她曾经看到过多么美丽的东西，她曾经多么幸福，跟着她奶奶一起向新年的幸福中走去。 　　　　　　　　　　——选自《卖火柴的小女孩》 （1）几根小小的火柴却能给寒冷饥饿、孤独痛苦的小女孩带来最美好的幻象。幻象的美好和现实的残酷形成鲜明对比，是这篇童话最特别之处。故事的结尾用了两个"幸福"请你想一想第一个"幸福"是指_____第二个"幸福"是指_____ _____ （2）如果请你将这个悲惨的故事结局改为幸福的结局，你打算怎么写？请展开奇妙而丰富的想象尝试写几句。 _____ _____ _____ _____ _____ _____ _____ _____ _____ _____	意图： 通过语境辨音，加深对多音字的比较、辨别。 意图： 通过对重点段落的品读，深化对课文内容的理解，激发想象，锻炼表达。

| 拓展性作业（选做） | 3.课外阅读。

　　"你们看那只新来的天鹅！"孩子们兴高采烈地叫起来："这新来的一只最美丽！那么年轻那么好看！"丑小鸭看到非常难为情，他把头藏在翅膀里面，不知怎么办才好。他感到太幸福了，但他一点也不骄傲，因为一颗好的心是永远不会骄傲的。他想起曾经被人迫害和讥笑，而现在却听到大家夸他是美丽的天鹅里最美的那只。紫丁香在他面前把枝条垂到水里去，太阳照得很温暖很愉快。他竖起羽毛伸出他细长的颈，从内心发出一个快乐的声音："当我还是一只丑小鸭的时候，我做梦也没想到有这么多的幸福！"

　　　　　　——选自丹麦安徒生的《丑小鸭》

（1）面对孩子们的夸赞丑小鸭一开始是什么表现？请你用横线"_____"在文中画下来；后来它慢慢接受了自己已经变成了美丽的白天鹅，他又如何做的？请你用波浪线画下来。

（2）丑小鸭因相貌怪异被鸭群鄙弃，历经重重磨难后终于长成了美丽的白天鹅。联系生活想想你从丑小鸭的故事里得到哪些启示？

_____
_____。 | 意图：拓展课外阅读，链接生活，锻炼表达。 |

参考答案

第8课　卖火柴的小女孩

[基础性作业]

1.旧　围裙　饿　暖和　亮光　清晨　可怜

2.

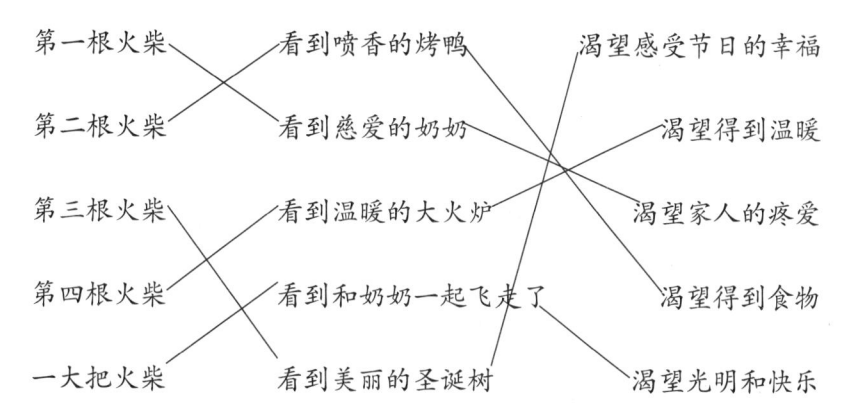

第一根火柴	看到喷香的烤鸭	渴望感受节日的幸福
第二根火柴	看到慈爱的奶奶	渴望得到温暖
第三根火柴	看到温暖的大火炉	渴望家人的疼爱
第四根火柴	看到和奶奶一起飞走了	渴望得到食物
一大把火柴	看到美丽的圣诞树	渴望光明和快乐

3.（1）温暖；奇异

（2）感叹号更好，因为感叹号既表现出小女孩看到火焰时的兴奋、激动的心情，也表现出她对温暖的无限向往。

[拓展性作业]

1.（1）jǐ　jī　（2）zhēng　（3）pèn

2.（1）小女孩临死前是在美好的幻象中度过的，是幸福的；小女孩最终死了，她彻底远离了寒冷、饥饿和痛苦。

（2）言通句顺即可，注意错别字的批改。

3.（1）"丑小鸭看到非常难为情，他把头藏在翅膀里面不知怎么办才好。""他竖起羽毛伸出他细长的颈，从内心发出一个快乐的声音：'当我还是一只丑小鸭的时候，我做梦也没想到有这么多的幸福！'"

（2）言通句顺即可，注意错别字的批改。

119

【案例二】学科：语文

《望洞庭》作业设计

◆作业内容

[必做内容]

1.背诵古诗，完成补充练习。

洞庭秋月_____潭面无风_____。

_____白银盘里_____。

2.给带点字选择正确的解释。

发：①交付、送出；②表达、说出；③尽量地用出；④起程、出发；⑤感觉、觉得。

A. 夜发清溪自三峡。（   ）

B. 他发烧了，今天不能来上学。（   ）

C. 我们上课要积极发言。（   ）

D. 我们主动帮老师发作业本。（   ）

[选做内容]

1.描写月色的词很多，如"风月无边"，比一比看谁写的多。

2.我国古代诗歌的宝库里有许多与月亮有关的诗句，请你填一填。

①野旷天低树_____。②_____低头思故乡。

③可怜九月初三夜_____。

◆设计意图

让学生完成作业的同时即感到轻松愉快又扎实掌握了知识技能，这样的语文作业让我们的学生成为作业的真正主人，他们的每一份作业都显示着不同的个性，每一次的作业都能让他们个性飞扬。

◆完成效果

后进生一般都选作1、2题，对他们来说这两道题得心应手，很容易完成。这无疑激发了他们完成作业的乐趣而不再是一种负担；中等生和优等生则查阅资料，相互交流，努力完成3、4题，对他们这是个挑战，又是一个积累的过程，4道题完成得相当不错。

以上案例是我在提高语文作业有效方面所做的一点尝试。在热闹的语文课堂中应腾出点空间，设计一些个性化作业练习，拓展学习的空间，让语文学科和其他各学科知识得到整合，课内向课外得到延伸，发掘学生潜能，增强课堂的创新色彩，让学生爱上作业，爱上语文。

减负提质是语文教学的永恒话题，它的实现需要一个过程，需要我们老师去实践、思变、提升，使它成为现实，让我们一起去追寻吧！

【案例三】学科：语文

第_____课《会写的字鱼骨图》预习作业

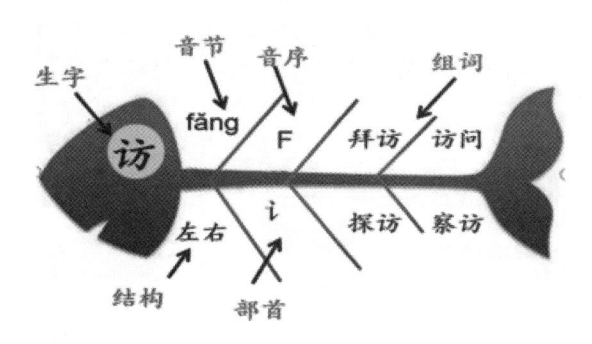

本课最有难度的字：_____　　　　作业评分：♡♡♡

◆评价策略

学生在预习作业完成后同时完成自我评价。书写工整一颗心，没有错误两颗心，全部学会三颗心。

◆教材链接

本作业是每一课在学习之前学生自学部分，预习生字词，掌握会写的字

◆作业类型

书面作业——预习作业

◆作业内容

学生课前自学会写的字

◆设计意图及评价路径

鱼骨图作业的设计适合二年级及其以上的各个年级，学生通过自主预习作业的完成，通过查字典的方式，完成识字任务，以此作业为依据，教师可以分析出此课文中的生字，学习中出现的问题，通过问题的显现调整课堂重点词语的讲解，提高课堂效率，同时也培养了学生自主学习的好习惯，通过此学习方法培养学生独立学习的能力，提高教学质量。

【案例四】学科：语文

习作：《介绍一种事物》

写作思维导图

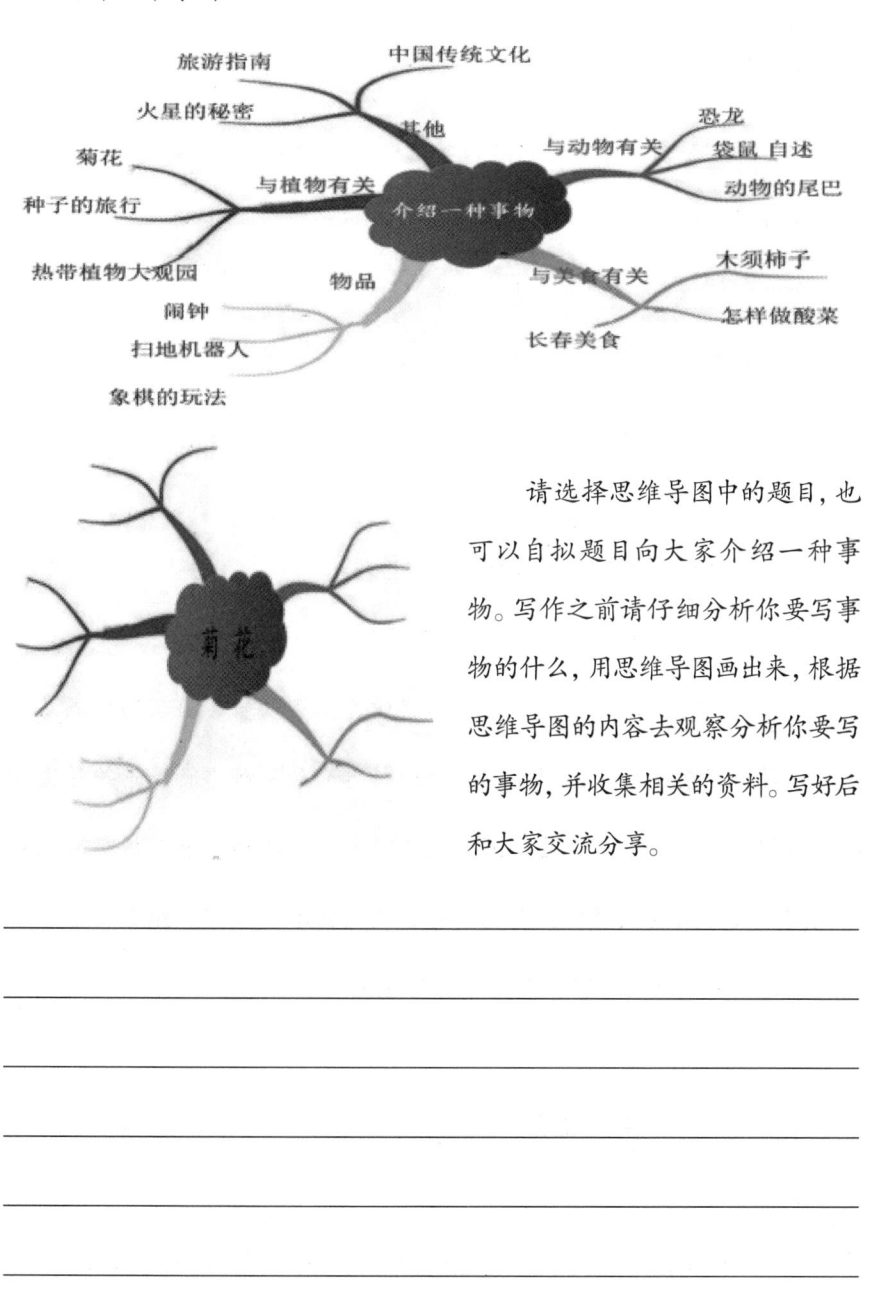

介绍一种事物
- 其他：旅游指南、中国传统文化、火星的秘密
- 与植物有关：菊花、种子的旅行、热带植物大观园
- 物品：闹钟、扫地机器人、象棋的玩法
- 与动物有关：恐龙、袋鼠自述、动物的尾巴
- 与美食有关：木须柿子、怎样做酸菜、长春美食

菊花

请选择思维导图中的题目，也可以自拟题目向大家介绍一种事物。写作之前请仔细分析你要写事物的什么，用思维导图画出来，根据思维导图的内容去观察分析你要写的事物，并收集相关的资料。写好后和大家交流分享。

_____
_____
_____
_____
_____
_____

◆评价策略

根据思维导图以及写作内容，学生进行朗读交流，自评互评

◆教材链接

人教部编版 第五单元 习作

◆作业类型

书面作业——作文思维导图

◆作业内容

学生在写作时用思维导图厘清写作思路。

◆设计意图及评价路径

学生在写作之前结合题目，利用思维导图帮助自己梳理写作思路。本单元是以说明文为主，用说明方法向读者介绍一种事物。思维导图可以帮助学生有层次地有序地按照一定的目的进行描述。也可根据思维导图的需要去自主查找资料，对所需资料进行提取、删减、组合。培养学生的写作能力，收集材料，整合材料的能力。

【案例五】学科：语文

◆评价策略

长春市朝阳区红旗街小学以"活教育"为办学特色，面向学生开展"活课堂"，教师推行"活教研""活评价"。"活教育"指导思想下的作

业评价策略要摒弃机械、呆板、僵化的作业评价方式，突出作业评价的灵活性、互动性，有益于儿童成长的发展性，具体体现为以下几点：

1. 变定量性、等级性评价为形象性评价

作业评价最常见的方式是定量性评价和等级性评价。定量性评价即以百分制的定量对学生作业进行分数评价。等级性评价即以"优、良、中、差"若干个等级对学生作业进行分等评价。这两种评价方式显得很机械、老套。可将定量性评价、等级性评价转为形象性评价，突出作业评价方式的灵活性。借用国家对旅游景区按5A标准划分的模式，可以对作业进行5☆标准评价，从而使评价方式形象化。

2. 变教师单一性评价为学生互动性评价

作业评价通常由老师来完成，这在一定程度上忽视了学生的主体性和互动性。可以让作业完成者的同桌或同班同学来完成他能胜任的部分作业的评价，以此来达到学生互相激励、互相帮助、互相找出不足之处的效果，促使学生主动加强对学习的体验与感悟，充分发挥其主观能动性。

3. 变一般性评语评价为发现特长性评语评价

教师对作业进行评价的评语一般是"很棒""做得不错""有进步"等鼓励性评语，或是指出作业中存在的纰漏并给出改进措施的建议性评语。教师完全可以从不同学生的作业中发现学生所特有的长处，对其特长进行肯定的评价，促进其特长的发展，注重学生的差异性，做到因材施教。

"双减"背景下作业设计新思维

◆ 教材链接

◆作业类型

读写绘实践作业

◆作业内容

《骑鹅旅行记》读写绘作业单

班级：_____ 姓名：_____

一、基础开心园

根据意思写出课文中对应的成语

1. 对于事情没有什么帮助，对于解决问题没有什么作用。（　　　）

2. 指无组织无纪律。（　　　）

3. 形容非常得意的样子。（　　　）

4. 形容情绪低落、失望懊丧的神情。（　　　）

5. 形容心里急切想试试。（　　　）

☆评价标准：做对一题得一星。☆☆☆☆☆

二、能力闯关岛

课文节选的内容只讲明尼尔斯有淡黄色的头发、鼻子上有点雀斑。原著的开头写道："从前有个小男孩，十四岁左右，瘦高个儿，淡黄色的头发。他贪吃贪睡、无所事事并且非常淘气。"也没有言明尼尔斯具体的面貌神态、穿着服饰。发挥你的想象为尼尔斯画一幅肖像画。

你的小伙伴画得怎么样？同桌（同学）评价：

_____

_____

三、写作黄金屋

根据第二题你所画出的尼尔斯的肖像，为其配上一小段肖像描写的文字，表达一下你眼中的尼尔斯是什么样的：

_____

_____

_____

_____

结合一、二、三题教师作发现性评价：

◆设计意图及评价路径

1. 作业第一题（基础）

开心园：设计的意图是增加学生的语文积累量，根据列出的成语释义，从文中找出对应的成语填入括号内。此形式比布置学生抄写词语若干遍这种机械性的作业形式更灵活，学生在积累课文中出现的成语的同时，也锻炼了其思考能力和从文中提取信息的能力。

这道作业题的评价路径对应的是评价策略部分的第一条"变定量性、等级性评价为形象性评价"即五道小题对应五颗☆，答对一道小题获得一颗☆。

2. 作业第二题（能力）

闯关岛：设计的意图是增加作业的趣味性，使作业从常规枯燥的"抄写背"形式转变为生动有趣的"读写绘"形式。

这种形式在增加作业趣味性的同时也培养了学生丰富的想象力和主动探究的能力。这道作业题的评价路径对应的是评价策略部分的第二条"变教师单一性评价为学生互动性评价"即列出同桌（或其他同学）对作业完成者作品的评价。

3. 作业第三题（写作）

黄金屋：设计的意图是进一步提升学生对作业的主动参与意识。纵观整篇作业的三道试题，题与题之间具有一定的联系性与衔接性。第一题中出现的部分成语词汇可以促进学生对课文中主人公形象和性格特征的理解，从而帮助他更好地为主人公画出肖像。由于作业第二题是由学生自主想象、加工而成的人物肖像画，他肯定乐意为自己完成的画作配上文字进行说明，从被动变为主动地完成第三题。在三道作业试题的最后设置了一个教师的发现性评价。

综合三道作业试题，教师可以发现学生是否具有善于观察、善于绘画、善于写作的特长和天赋，可以对其特长进行肯定，用鼓励式的评语评价促进其特长发展。此评价路径对应的是评价策略部分的第三条"变一般性评语评价为发现特长性评语评价"。

附：学生作业范例展示

《骑鹅旅行记》读写绘作业单

班级：六年一班　　姓名：王晨浩

一、基础开心园
根据意思写出课文中对应的成语
1.对于事情没有什么帮助，对于解决问题没有什么作用。（无济于事）
2.指无组织无纪律。（乌合之众）
3.形容非常得意的样子。（得意扬扬）
4.形容情绪低落、失望懊丧的神情。（垂头丧气）
5.形容心里急切想试试。（跃跃欲试）
☆标准评价：做对一题得一星。★★★★★

二、能力闯关岛
课文节选的内容只讲明尼尔斯有淡黄色的头发，鼻子上有点雀斑。原著的开头写道："从前有个小男孩，十四岁左右，瘦高个儿，淡黄色的头发，贪食贪吃贪睡、无所事事并且非常淘气。"也没有言明尼尔斯具体的面貌神态、穿着服饰。发挥你的想象，为尼尔斯画一幅肖像画。

你的小伙伴画得怎么样？同桌（同学）评价：
尼尔斯穿的衬衫款式、图案特别时尚，证明他很爱臭美。（哈哈哈哈哈）

三、写作黄金屋
根据第二题你所画出的尼尔斯的肖像，为其配上一小段肖像描写的文字，表达一下你眼中的尼尔斯是什么样的：
　　尼尔斯头戴一顶贝雷帽，穿着白绿相间的裤子衬衫，显得神气十足。他骑在飞鹅上还在手舞足蹈，他太调皮了。

结合一、二、三题，教师作发展性评价：
腾考是不捏长头其二孩子，即使色彩搭配很好，显得文字细腻。

【案例六】学科：语文

◆教材链接

人民教育出版社六年级上册古诗《山居秋暝》

◆作业设计

古诗《山居秋暝》作业设计

一、读画入诗

1. 你能试着给这幅图画配首诗歌吗？（难度★）

2. 根据这幅图画你能试着说说诗中写了哪些景物吗？（难度★）

3. 借助诗句你又能想象到什么样的画面？试着写一写。（难度★★）

二、拓展作业（选做）

1. 诗人用淡淡的几笔就勾画出一幅雨后山村的晚景图，洋溢着清新平和的气氛。下面请大家找出诗中写景的部分。

空山新雨后，天气晚来秋。

明月松间照，清泉石上流。

131

2. "空山新雨后，天气晚来秋"联写出了怎样的意境？（难度★★）

3. 颔联"明月松间照，清泉石上流"和颈联"竹喧归浣女，莲动下渔舟"都是写景，有什么不同？（难度★★★）

明确：明月、松林、清泉等意象展现了山村的（　　　　　）

明确：莲花、浣女、渔舟等意象展现了山村的（　　　　　）

颔联侧重写（　　　　　　），颈联侧重写（　　　　　　）。

4.（　　　　　）一句化用典故抒发了作者希望回避世间纷扰，过隐居生活的情怀。（难度 ★）

5. 这首诗表现了诗人高尚的情操与高洁的志趣，同时也表现了诗人对（　　　　　）的热爱以及对（　　　　　）的向往。（难度 ★★）

◆ 设计意图及评价路径

"读画入诗"：从知识与能力的角度进行考查，引导学生了解古诗中所描写的代表性的事物，同时落实本单元的语文要素，阅读时能从读的内容想开去。

"拓展作业"：设计成选作的形式，差异化的分层作业适合不同学力的学生，起到因材施教的作用。定量、定性多种评价方式更能激发学生的学习兴趣。

预计作业时长：20分钟

【案例七】学科：英语

设计者基本信息			
姓名	刘亚楠	联系电话	15662156818
地区	长春市朝阳区	学校	朝阳区红旗街小学校
年级	三年上	教材版本	外研社（一起）

◆ 评价策略

一是实施激励性评价策略，关注表扬性评价。当学生不敢说、不会说时，鼓励学生多做尝试；二是实施综合性评价策略，英语核心素养中包括语言能力、学习能力、思维品质、文化品格四个维度，因此必须坚持评价综合化，增强学生的学习兴趣；三是实施目标多维度策略要以学生的需求为主张，考虑到学生在知识水平和能力上的个体差异性，不同的评价用语要根据不同的学生来制定，从而使不同层次的学生得到呼应。

◆教材链接

◆作业类型

课时作业Module7 Unit2：基础型作业

◆作业内容

1. 听说语言输入与输出型作业

（1）听录音，跟读模仿课文（2mins）

（设计意图：能正确朗读所学短文，在口语输出中做到发音标准、清晰，语调模仿到位。同时引导学生巩固掌握所学语言意义、句型及功能。）

2 Listen and say.

Ms Smart: Now class begins. Where's Jake?
Lingling: He's ill. He's got a cough.
Ms Smart: Has Sara got a cough, too?
Lingling: No, she hasn't. She's got a cold.
Ms Smart: Has Daming got a cold, too?
Daming: Sorry, I'm late.
All: Ha ha...

（2）根据课文所学句型进行对话问答（3mins）

（设计意图：根据词语与图片的提示，与小伙伴自主进行对话问答，在口语输出中做到语音标准清晰，语言运用准确。）

MODULE 7 Unit 2

3 Look, ask and answer.

Has he/she got...?

Yes, he/she has.   No, he/she hasn't.

- headache ✓
- stomach ache ✗
- cold ✗
- cough ✓

2. 书面输出型作业（2mins）

认一认，连一连

1. 　　　　　　　　　　　　　A. headache

2. 　　　　　　　　　　　　　B. cold

3. 　　　　　　　　　　　　　C. cough

4. 　　　　　　　　　　　　　D. stomach ache

答案：1—C　　　2—B　　　3—D　　　4—A

（设计意图：能根据图片与所给单词进行匹配，引导学生巩固所学知识。）

【案例八】学科：英语

◆评价策略

一是实施激励性评价策略，关注表扬性评价，当学生不敢说、不会说时，鼓励学生多做尝试；二是实施综合性评价策略。英语核心素养中包括语言能力、学习能力、思维品质、文化品格四个维度，因此必须坚持评价综合化，增强学生的学习兴趣；三是实施目标多维度策略，要以学生的需求为主张，考虑到学生在知识水平和能力上的个体差异性不同的评价用语要根据不同的学生来制定，从而使不同层次的学生得到呼应。

◆教材链接

"双减"背景下作业设计新思维

◆作业类型

课时作业 Module3 Unit1：基础型作业

◆作业内容

1. 听说语言输入与输出型作业

（1）听录音跟读模仿课文（2mins）

（设计意图：能正确朗读所学短文，在口语输出中做到发音标准、清晰，语调模仿到位。同时引导学生巩固掌握所学语言的意义、句型及功能。）

（2）根据课文所学句型进行对话问答（3mins）

（设计意图：根据词语与图片的提示与小伙伴自主进行对话问答，

在口语输出中做到语音标准清晰，语言运用准确。）

3.书面输出型作业（2mins）

将课文 Activity 分角色背下来

（设计意图：能根据课文进行背诵复述，引导学生巩固所学。）

【案例九】学科：英语

◆评价策略

核心素养下的作业设计注重基础性及科学性，体现层次性及探究性，帮助学生开拓思维、提升能力，帮助学生完善知识维度。探究式教学模式是指在教学过程中要求学生在教师指导下，通过以"自主、探究、合作"为特征的学习方式，对当前教学内容中的主要知识点进行自主学习、深入探究，并进行小组合作交流，从而较好地达到课程标准中关于认知目标与情感目标要求的一种教学模式。其中认知目标涉及与学科相关知识、

"双减"背景下作业设计新思维

概念、原理与能力的掌握；情感目标则涉及思想感情与道德品质的培养。

◆教材链接

◆作业类型

课时作业，口语输出演练型作业

◆作业内容

三年级下 Module4 Unit1 We'll pick fruit. [分层布置作业]

分层布置作业体现个体差异，因材施教，让每个人的个性得到自由的发展。我在设计英语作业时，要从学生的实际情况出发，分上、中、下三个层次来设计考虑个别差异。比如三年二班这个班的学生英语水平高低不一，两极分化严重。因此，我在作业内容上安排较合理的梯度，让不同层次的学生在基础和能力上各得其所，而且不断提高其层次，既调动了学生的积极性，又能激励学生的竞争意识，关注了每位学生的成长和进步。

1. 听读说口头作业。听录音跟读模仿课文。（基础性作业 2 分钟）

（设计意图：本题意在落实《课程标准》三级目标，要求能正确朗读所学的本课对话。在口头表达中做到发音清楚、语调基本达意。同时引导学生理解并掌握本课对话的语言意义。）

2. 动手画一画，并运用所学句型说一说。必选。（基础实践作业 1 分钟）

（设计意图：掌握四会单词：pick, fruit, orange, peach）

例图如下：

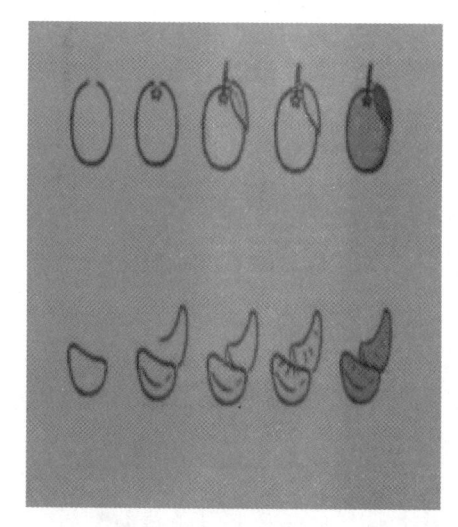

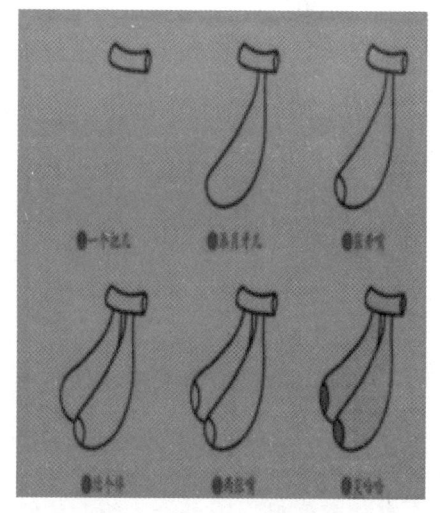

3. 拓展运用性作业。（根据学习能力强弱，自选单词搭配句型，练习 10 分钟）

情景任务：Will we...? We'll... 两个句型，继续学习一般将来时的表达及其肯定和否定两种回答，询问并讨论近期的计划和行程。

（设计意图：核心素养导向下的作业表现多样化，此项作业设计丰富、科学。体现对学生综合素质即文化底蕴、科协精神、学会学习、健康生活、责任担当、实践创新六大素养的培养要求。）

4. 学生创设 farm 的情境图。教师给出框架，由学生说一说、写一写。

This weekend, we are going to a＿＿＿＿. We'll pick fruit. We'll pick＿＿＿＿. We'll pick＿＿＿＿. I like＿＿＿＿ best. I am going to see＿＿＿＿, We will＿＿＿＿.

（设计意图：①能根据词语进行语句的练习，培养学生综合语言的运用能力。②因材施教，发展口语表达能力及逻辑思维能力。作业设计要紧扣文本，联系生活实际及强调学生亲身经历，让学生在一系列活动中发现并解决问题，体验和感受生活，培养和感受生活，培养学生学以致用的学习意识和习惯，以及引导学生多角度思考问题并寻找解决问题最佳途径，充分挖掘学生的创造潜能。）

◆案例总结

作业是巩固和落实教学目标，发展学生自学能力的有效手段之一，"教者有心学者得益"。通过学生的作业情况，教师能及时掌握学生的学习情况和学习态度，如果机械性的练习过多，只会慢慢消减孩子对英语学习的热情，而新鲜有趣的作业会让孩子们兴趣十足地完成，而且事半功倍，有效地激发他们学习英语的积极性，最大限度地拓展学习英语的空间，更好地解放学生的大脑、双手、眼睛、嘴巴、时间、空间，真正地体现学生的自主性。

【案例十】学科：英语

◆评价策略

核心素养导向下的作业应该兼具学习和评价的功能，有巩固教学的作用。评价可以提高小学英语教学实效性，是提高小学英语教学质量的途径。合适的评价可以培养学生养成学以致用的习惯，同时可以优化英语课堂教学，创新教学模式，提高学生的主体地位。按照新课改的要求培养小学生的综合应用能力。高年级英语评价就是要改变以往以分数作为唯一标准的评价方式，从学生学习英语的主动性、探究性、积极性入手，对学生进行多维度多角度评价。

◆教材链接

◆作业类型

实践合作分层作业（Module 1 unit 2）——运用一般过去时态特殊疑问句询问家庭成员职业

◆作业内容

［基础型作业］全体学生通过课前预习作业总结职业的英语词汇。

［实践型作业］开展问卷调查统计哪些职业从事的人数较多。

［创新合作型作业］小组合作，运用一般现在时态与一般过去时态仿写 listen and read 部分内容。

◆设计意图及评价路径

1.通过课前预习作业,总结英文职业类词汇来培养学生的归纳总结能力。通过小组合作调查的形式,合作解决问题,可以对学生进行学习主动性和积极性的评价。

2.考虑到教学时空的局限,通过设计该作业让学生有充分的思考、合作和探究的时间。通过仿写,让学生对英语时态进行灵活运用,培养学生学以致用的能力,通过学生上交的作业情况及质量,对学生进行客观性评价。该作业与教学形成互补,实现了英语学科课程的整体育人功能。

参考答案

[基础型作业]

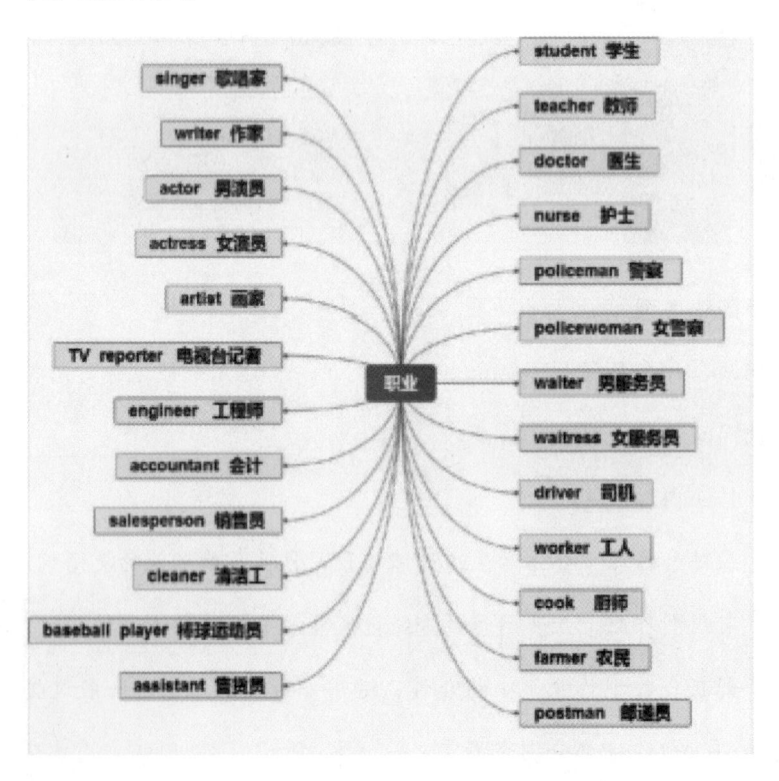

职业思维导图:
- singer 歌唱家
- writer 作家
- actor 男演员
- actress 女演员
- artist 画家
- TV reporter 电视台记者
- engineer 工程师
- accountant 会计
- salesperson 销售员
- cleaner 清洁工
- baseball player 棒球运动员
- assistant 售货员
- student 学生
- teacher 教师
- doctor 医生
- nurse 护士
- policeman 警察
- policewoman 女警察
- waiter 男服务员
- waitress 女服务员
- driver 司机
- worker 工人
- cook 厨师
- farmer 农民
- postman 邮递员

[实践型作业]

assistant	driver	courier	worker	waitress	cook	teacher	doctor	Liberal professions	other
10	8	7	5	4	3	2	2	2	2

[创新合作性作业]

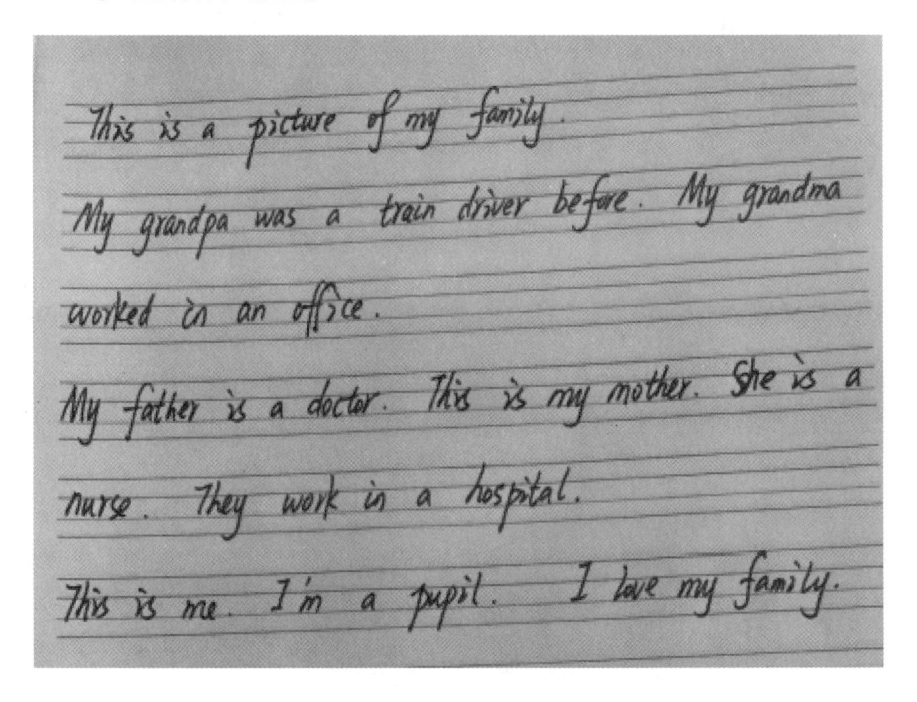

> This is a picture of my family.
> My grandpa was a train driver before. My grandma worked in an office.
> My father is a doctor. This is my mother. She is a nurse. They work in a hospital.
> This is me. I'm a pupil. I love my family.

【案例十一】学科：数学

◆评价策略

教学评价是教育教学整体的构成要素之一，在"双减"背景下为实现义务教育阶段减少学生作业负担及课外培训负担的目标，直接要求学

"双减"背景下作业设计新思维

生高效掌握知识内容,同时也要求作业设计明确指向知识点、指向学生数学思维培养。

1. 精准选题:本节课是一节综合实践课,定位是让学生感受数学好玩。本次实践性作业设计不仅匹配当节知识,更进行知识融合,拓展思维,使学生感受数学在生活中的应用价值。

2. 评价形式多样:对学生的作品采取展评帮结合的形式,开展师生集中交流、讨论,解决各组存在的问题。让每个孩子都能够充分参与课堂教学,让学生能够树立战胜困难的勇气和信心,以此来提高教学质量和教学效率,同时感悟数学就在我们身边。

◆教材链接

北师大版二年级上 数学好玩《寻找身体上的数学"秘密"》

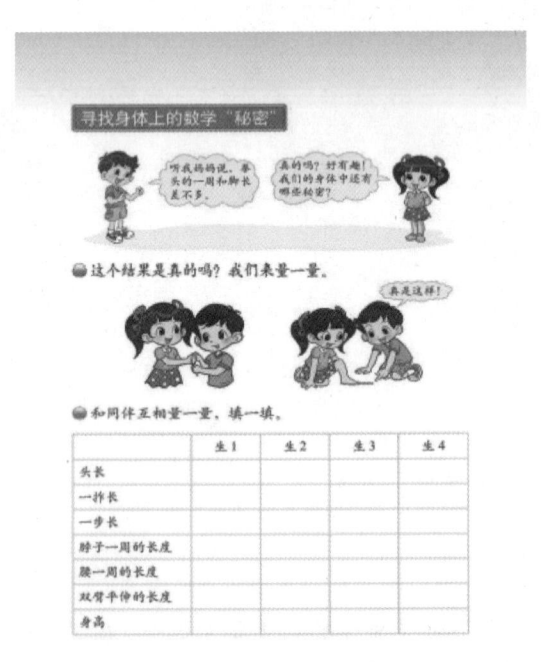

	生1	生2	生3	生4
头长				
一拃长				
一步长				
脖子一周的长度				
腰一周的长度				
双臂平伸的长度				
身高				

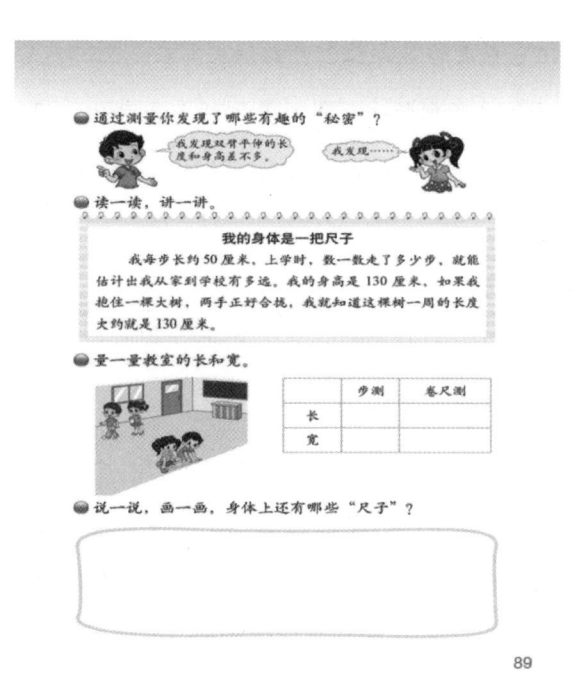

◆作业类型

实践性作业

◆作业内容

【学习目标】用身体测量事物的长度

【测量学具】纸张若干、铅笔、卷尺

一拃两拃测量爸爸

1.两张纸都写上爸爸的名字,然后把爸爸的身体,简单地画在纸上,妈妈和孩子每人一张。

2.让爸爸躺在客厅里,妈妈和孩子分别用手来测量爸爸的身高、腰围、脚的长度。

3.在画有爸爸的纸上,妈妈和孩子标出爸爸身体相应部位的长度。例如:"用孩子的拃量爸爸的身高是15拃""脚是2拃"等记录下来。

4. 妈妈也把爸爸身体各部位测量的结果写在纸上，然后比较一下。

5. 最后用卷尺重新测量一下爸爸身体的各个部位，用标准的测量单位写下来。想一想为什么你和妈妈的测量结果不一样呢？

【自我反思】

1. 知识掌握情况：☆☆☆☆☆

2. 组内交流表现：☆☆☆☆☆

◆设计意图及评价路径

本节课的活动定位是让学生感受到数学好玩。如何才能体现出真的好玩呢？我想到了人体本身，学生通过动手测量发现人体中存在着许多有趣的数据及彼此的关系，激发学生的兴趣。安排这样的实践性作业不仅能加深对米和厘米这两个度量单位的认识，发现人体中的秘密，更重要的是，让学生通过实践操作，引导学生自觉地把所学的数学知识和生活实际相结合，培养学生应用数学知识去解决具体问题的能力。

如果突然要测量什么东西，自己却没有尺子，这怎么办呢？用手掌脚印胳膊等来测量都是很好的测量方法。通过这些有意义的实践活动，让孩子们认识到我们身体具有的数学价值，相信他们会兴趣盎然地发现数学竟然离我们这么近，数学就在身边。

话题五　加强作业完成指导　减负提质

理论导航

教师要充分利用课堂教学时间和课后服务时间,加强学生作业指导,培养学生自主学习和时间管理能力,指导小学生基本在校内完成书面作业,初中学生在校内完成大部分书面作业。

很多家长对孩子的作业习惯于包办代替,对孩子学习没有帮助。老师要正确引导家长教育帮助孩子养成良好的作业习惯,如:回家后要先复习然后再写作业,写作业时不能边玩边写或边吃边写作业,必须保持整洁、美观不得乱涂乱画或写与作业无关的字,错题必须更正等。同时要培养孩子自己的事情自己做,不要过多的包办代替。"双减"后学生作业大部分能在学校课后看护的时间完成,回家后不能放任自流,应引导孩子多读课外书,帮助家里做力所能及的家务等。

典型案例

【案例】作业监督

1.作业是检查教学效果反馈教学信息的重要渠道,是教师调整教学行为改进课堂教学的重要依据。教师须认真把握目标，研究作业题目，了解学生情况，合理布置作业，并能及时认真批改。一般在下次作业前必须批改完并根据批改记录做好分析与总结，为作业讲评做好准备。

2.各科作业必须重视错题、错别字的订正。教师批改一律用红笔，批改符号要清楚明白，批改文字用楷书书写。

3.作业评价实行等级制度，以优秀、良好、及格、待及格作为作业评价层次。教师根据学生作业情况，在等级评价的同时可写一些鼓励性语言，并对学生作业提出希望。作文批改要重视对字词句的圈点批画，批语要有眉批、有总批评语，简明，有指导性，对学生采用激励语言，提出希望或进步的目标。

4.严格要求学生认真、按时、独立、整洁地完成作业。教师要及时检查，姨结无故缺作业的同学及时了解情况，助其完成作业。对抄袭、马虎的作业要求重做，学生作业错误要在下次作业前更正改错。

5.教师都应专备"作业批改记录"，将学生作业中的问题或错误、优点及有创新的作业都记录清楚，下次发作业时对全班作业情况讲评，给予方法指导和习惯要求。

6.教师对学生实践活动作业及时辅导，指导方法，鼓励持之以恒，鼓励合作探究。

7.学校定期对教师作业布置和批改，对学生及家长进行问卷调查，调查结果记入月末量化考核中。

附录
《关于进一步减轻义务教育阶段学生作业负担和校外培训负担的意见》

中共中央办公厅 国务院办公厅印发《关于进一步减轻义务教育阶段学生作业负担和校外培训负担的意见》

近日中共中央办公厅、国务院办公厅印发了《关于进一步减轻义务教育阶段学生作业负担和校外培训负担的意见》并发出通知要求各地区各部门结合实际认真贯彻落实。

《关于进一步减轻义务教育阶段学生作业负担和校外培训负担的意见》全文如下。

为深入贯彻党的十九大和十九届五中全会精神,切实提升学校育人水平,持续规范校外培训(包括线上培训和线下培训),有效减轻义务教育阶段学生过重作业负担和校外培训负担(以下简称"双减"),现提出如下意见。

一、总体要求

1. 指导思想

坚持以习近平新时代中国特色社会主义思想为指导，全面贯彻党的教育方针，落实立德树人根本任务，着眼建设高质量教育体系，强化学校教育主阵地作用，深化校外培训机构治理，坚决防止侵害群众利益行为，构建教育良好生态，有效缓解家长焦虑情绪，促进学生全面发展、健康成长。

2. 工作原则

坚持学生为本、回应关切遵循教育规律，着眼学生身心健康成长，保障学生休息权利，整体提升学校教育教学质量，积极回应社会关切与期盼，减轻家长负担；坚持依法治理、标本兼治，严格执行义务教育法、未成年人保护法等法律规定，加强源头治理、系统治理、综合治理；坚持政府主导、多方联动，强化政府统筹，落实部门职责，发挥学校主体作用，健全保障政策，明确家校社协同责任；坚持统筹推进、稳步实施，全面落实国家关于减轻学生过重学业负担有关规定，对重点难点问题先行试点，积极推广典型经验，确保"双减"工作平稳有序。

3. 工作目标

学校教育教学质量和服务水平进一步提升，作业布置更加科学合理，学校课后服务基本满足学生需要，学生学习更好回归校园，校外培训机构培训行为全面规范。学生过重作业负担和校外培训负担、家庭教育支出和家长相应精力负担 1 年内有效减轻、3 年内成效显著，人民群众教育满意度明显提升。

二、全面压减作业总量和时长，减轻学生过重作业负担

4. 健全作业管理机制

学校要完善作业管理办法，加强学科组、年级组作业统筹，合理调控作业结构，确保难度不超国家课标。建立作业校内公示制度，加强质量监督。严禁给家长布置或变相布置作业，严禁要求家长检查、批改作业。

5. 分类明确作业总量

学校要确保小学一、二年级不布置家庭书面作业，可在校内适当安排巩固练习；小学三至六年级书面作业平均完成时间不超过60分钟，初中书面作业平均完成时间不超过90分钟。

6. 提高作业设计质量

发挥作业诊断、巩固、学情分析等功能，将作业设计纳入教研体系系统，设计符合年龄特点和学习规律、体现素质教育导向的基础性作业。鼓励布置分层、弹性和个性化作业，坚决克服机械、无效作业，杜绝重复性、惩罚性作业。

7. 加强作业完成指导

教师要指导小学生在校内基本完成书面作业，初中生在校内完成大部分书面作业。教师要认真批改作业，及时做好反馈，加强面批讲解，认真分析学情，做好答疑辅导。不得要求学生自批自改作业。

8. 科学利用课余时间

学校和家长要引导学生放学回家后完成剩余书面作业，进行必要的课业学习，从事力所能及的家务劳动，开展适宜的体育锻炼，开展阅读和文艺活动。个别学生经努力仍完不成书面作业的也应按时就寝。引导

学生合理使用电子产品，控制使用时长，保护视力健康，防止沉迷网络。家长要积极与孩子沟通，关注孩子心理情绪，帮助其养成良好学习生活习惯。寄宿制学校要统筹安排好课余学习生活。

三、提升学校课后服务水平，满足学生多样化需求

9. 保证课后服务时间

学校要充分利用资源优势，有效实施各种课后育人活动，在校内满足学生多样化学习需求。引导学生自愿参加课后服务。课后服务结束时间原则上不早于当地正常下班时间；对有特殊需要的学生，学校应提供延时托管服务；初中学校工作日晚上可开设自习班。学校可统筹安排教师实行"弹性上下班制"。

10. 提高课后服务质量

学校要制定课后服务实施方案，增强课后服务的吸引力。充分用好课后服务时间，指导学生认真完成作业，对学习有困难的学生进行补习辅导与答疑，为学有余力的学生拓展学习空间，开展丰富多彩的科普、文体、艺术、劳动、阅读、兴趣小组及社团活动。不得利用课后服务时间讲新课。

11. 拓展课后服务渠道

课后服务一般由本校教师承担，也可聘请退休教师、具备资质的社会专业人员或志愿者提供。教育部门可组织区域内优秀教师到师资力量薄弱的学校开展课后服务。依法依规严肃查处教师校外有偿补课行为，直至撤销教师资格。充分利用社会资源发挥好少年宫、青少年活动中心等校外活动场所在课后服务中的作用。

12. 做强做优免费线上学习服务

教育部门要征集、开发丰富优质的线上教育教学资源，利用国家和各地教育教学资源平台以及优质学校网络平台，免费向学生提供高质量专题教育资源和覆盖各年级各学科的学习资源，推动教育资源均衡发展，促进教育公平。各地要积极创造条件，组织优秀教师开展免费在线互动交流答疑。各地各校要加大宣传推广使用力度，引导学生用好免费线上优质教育资源。

四、坚持从严治理，全面规范校外培训行为

13. 坚持从严审批机构

各地不再审批新的面向义务教育阶段学生的学科类校外培训机构，现有学科类培训机构统一登记为非营利性机构。对原备案的线上学科类培训机构改为审批制。各省（自治区、直辖市）要对已备案的线上学科类培训机构全面排查，并按标准重新办理审批手续。未通过审批的取消原有备案登记和互联网信息服务业务经营许可证（ICP）。对非学科类培训机构，各地要区分体育、文化艺术、科技等类别，明确相应主管部门，分类制定标准、严格审批。依法依规严肃查处不具备相应资质条件、未经审批多址开展培训的校外培训机构。学科类培训机构一律不得上市融资，严禁资本化运作；上市公司不得通过股票市场融资投资学科类培训机构，不得通过发行股份或支付现金等方式购买学科类培训机构资产；外资不得通过兼并收购、受托经营、加盟连锁、利用可变利益实体等方式控股或参股学科类培训机构。已违规的要进行清理整治。

14. 规范培训服务行为

建立培训内容备案与监督制度，制定出台校外培训机构培训材料管理办法。严禁超标超前培训，严禁非学科类培训机构从事学科类培训，严禁提供境外教育课程。依法依规坚决查处超范围培训、培训质量良莠不齐、内容低俗违法、盗版侵权等突出问题。严格执行未成年人保护法有关规定，校外培训机构不得占用国家法定节假日、休息日及寒暑假期组织学科类培训。培训机构不得高薪挖抢学校教师；从事学科类培训的人员必须具备相应教师资格并将教师资格信息在培训机构场所及网站显著位置公布；不得泄露家长和学生个人信息。根据市场需求、培训成本等因素确定培训机构收费项目和标准，向社会公示、接受监督。全面使用《中小学生校外培训服务合同（示范文本）》。进一步健全常态化排查机制，及时掌握校外培训机构情况及信息完善"黑白名单"制度。

15. 强化常态运营监管

严格控制资本过度涌入培训机构，培训机构融资及收费应主要用于培训业务经营，坚决禁止为推销业务以虚构原价、虚假折扣、虚假宣传等方式进行不正当竞争，依法依规坚决查处行业垄断行为。线上培训要注重保护学生视力，每课时不超过30分钟，课程间隔不少于10分钟，培训结束时间不晚于21点。积极探索利用人工智能技术合理控制学生连续线上培训时间。线上培训机构不得提供和传播"拍照搜题"等惰化学生思维能力、影响学生独立思考、违背教育教学规律的不良学习方法。聘请在境内的外籍人员要符合国家有关规定，严禁聘请在境外的外籍人员开展培训活动。

五、大力提升教育教学质量，确保学生在校内学足学好

16. 促进义务教育优质均衡发展

各地要巩固义务教育基本均衡成果，积极开展义务教育优质均衡创建工作，促进新优质学校成长，扩大优质教育资源。积极推进集团化办学、学区化治理和城乡学校共同体建设，充分激发办学活力，整体提升学校办学水平，加快缩小城乡、区域、学校间教育水平差距。

17. 提升课堂教学质量

教育部门要指导学校健全教学管理规程，优化教学方式，强化教学管理，提升学生在校学习效率。学校要开齐开足开好国家规定课程，积极推进幼小科学衔接，帮助学生做好入学准备，严格按课程标准零起点教学，做到应教尽教，确保学生达到国家规定的学业质量标准。学校不得随意增减课时、提高难度、加快进度；降低考试压力，改进考试方法，不得有提前结课备考、违规统考、考题超标、考试排名等行为；考试成绩呈现实行等级制，坚决克服唯分数的倾向。

18. 深化高中招生改革

各地要积极完善基于初中学业水平考试成绩、结合综合素质评价的高中阶段学校招生录取模式，依据不同科目特点，完善考试方式和成绩呈现方式。坚持以学定考，进一步提升中考命题质量，防止偏题、怪题、超过课程标准的难题。逐步提高优质，普通高中招生指标分配到区域内初中的比例规范，普通高中招生秩序杜绝违规招生、恶性竞争。

19. 纳入质量评价体系

地方各级党委和政府要树立正确政绩，观严禁下达升学指标或片面

以升学率评价学校和教师。认真落实义务教育质量评价指南，将"双减"工作成效纳入县域和学校义务教育质量评价，把学生参加课后服务、校外培训及培训费用支出减少等情况作为重要评价内容。

六、强化配套治理，提升支撑保障能力

20. 保障学校课后服务条件

各地要根据学生规模和中小学教职工编制标准，统筹核定编制配足配齐教师。省级政府要制定学校课后服务经费保障办法，明确相关标准，采取财政补贴、服务性收费或代收费等方式，确保经费筹措到位。课后服务经费主要用于参与课后服务教师和相关人员的补助，有关部门在核定绩效工资总量时应考虑教师参与课后服务的因素，把用于教师课后服务补助的经费额度作为增量纳入绩效工资，并设立相应项目不作为次年正常核定绩效工资总量的基数；对聘请校外人员提供课后服务的课后服务补助，可按劳务费管理。教师参加课后服务的表现应作为职称评聘、表彰奖励和绩效工资分配的重要参考。

21. 完善家校社协同机制

进一步明晰家校育人责任，密切家校沟通，创新协同方式，推进协同育人共同体建设。教育部门要会同妇联等部门，办好家长学校或网上家庭教育指导平台，推动社区家庭教育指导中心、服务站点建设，引导家长树立科学育儿观念，理性确定孩子成长预期，努力形成减负共识。

22. 做好培训广告管控

中央有关部门、地方各级党委和政府要加强校外培训广告管理，确保主流媒体、新媒体、公共场所、居民区各类广告牌和网络平台等不刊登、不播发校外培训广告。不得在中小学校、幼儿园内开展商业广告活动，不得利用中小学和幼儿园的教材、教辅材料、练习册、文具、教具、校服、校车等发布或变相发布广告。依法依规严肃查处各种夸大培训效果、误导公众教育观念、制造家长焦虑的校外培训违法违规广告行为。

七、扎实做好试点探索，确保治理工作稳妥推进

23. 明确试点工作要求

在全面开展治理工作的同时，确定北京市、上海市、沈阳市、广州市、成都市、郑州市、长治市、威海市、南通市为全国试点，其他省份至少选择 1 个地市开展试点，试点内容为第 24，25，26 条所列内容。

24. 坚决压减学科类校外培训

对现有学科类培训机构重新审核登记，逐步大大压减解决过多过滥问题；依法依规严肃查处存在不符合资质、管理混乱、借机敛财、虚假宣传、与学校勾连牟利等严重问题的机构。

25. 合理利用校内外资源

鼓励有条件的学校在课余时间向学生提供兴趣类课后服务活动供学生自主选择参加。课后服务不能满足部分学生发展兴趣特长等特殊需要的，可适当引进非学科类校外培训机构参与课后服务，由教育部门负责组织遴选供学校选择使用，并建立评估退出机制，对出现服务水平低下、恶意在校招揽生源、不按规定提供服务、扰乱学校教育教学和招生秩序等问题的培训机构坚决取消培训资质。

26. 强化培训收费监管

坚持校外培训公益属性，充分考虑其涉及重大民生的特点，将义务教育阶段学科类校外培训收费纳入政府指导价管理，科学合理确定计价办法，明确收费标准，坚决遏制过高收费和过度逐利行为。通过第三方托管、风险储备金等方式对校外培训机构预收费进行风险管控，加强对培训领域贷款的监管，有效预防"退费难""卷钱跑路"等问题发生。

八、精心组织实施，务求取得实效

27. 全面系统做好部署

加强党对"双减"工作的领导，各省（自治区、直辖市）党委和政府要把"双减"工作作为重大民生工程列入重要议事日程，纳入省（自治区、直辖市）党委教育工作领导小组重点任务，结合本地实际细化完善措施，确保"双减"工作落实落地。学校党组织要认真做好教师思想工作，充分调动广大教师积极性、创造性。校外培训机构要加强自身党建工作，发挥党组织战斗堡垒作用。

28. 明确部门工作责任

教育部门要抓好统筹协调，会同有关部门加强对校外培训机构日常监管，指导学校做好"双减"有关工作；宣传、网信部门要加强舆论宣传，引导网信部门要配合教育、工业和信息化部门做好线上校外培训监管工作；机构编制部门要及时为中小学校补齐补足教师编制；发展改革部门要会同财政、教育等部门制定学校课后服务性或代收费标准，会同教育等部门制定试点地区校外培训机构收费指导政策；财政部门要加强学校课后服务经费保障；人力资源社会保障部门要做好教师绩效工资核定有关工作；民政部门要做好学科类培训机构登记工作；市场监管部门要做好非学科类培训机构登记工作和校外培训机构收费、广告、反垄断等方面监管工作，加大执法检查力度，会同教育部门依法依规严肃查处违法违规培训行为；政法部门要做好相关维护和谐稳定工作；公安部门要依法加强治安管理，联动开展情报信息搜集研判和预警预防，做好相关涉稳事件应急处置工作；人民银行、银保监、证监部门负责指导银行等机构做好校外培训机构预收费风险管控工作，清理整顿培训机构融资、上市等行为；其他相关部门按照各自职责负起责任、抓好落实。

29. 联合开展专项治理行动

建立"双减"工作专门协调机制，集中组织开展专项治理行动。在教育部设立协调机制，专门工作机构，做好统筹协调，加强对各地工作指导。各省（自治区、直辖市）要完善工作机制，建立专门工作机构，按照"双减"工作目标任务，明确专项治理行动的路线图、时间表和责任人。突出工作重点、关键环节、薄弱地区、重点对象等，开展全面排查整治。对违法违规行为要依法依规严惩重罚，形成警示震慑。

30. 强化督促检查和宣传引导

将落实"双减"工作情况及实际成效作为督查督办、漠视群众利益专项整治和政府履行教育职责督导评价的重要内容。建立责任追究机制，对责任不落实、措施不到位的地方、部门、学校及相关责任人要依法依规严肃追究责任。各地要设立监管平台和专门举报电话，畅通群众监督举报途径。各省（自治区、直辖市）要及时总结"双减"工作中的好经验好做法并做好宣传推广。新闻媒体要坚持正确舆论导向，营造良好社会氛围。

各地在做好义务教育阶段学生"双减"工作的同时，还要统筹做好面向3至6岁学龄前儿童和普通高中学生的校外培训治理工作，不得开展面向学龄前儿童的线上培训，严禁以学前班、幼小衔接班、思维训练班等名义面向学龄前儿童开展线下学科类（含外语）培训。不再审批新的面向学龄前儿童的校外培训机构和面向普通高中学生的学科类校外培训机构。对面向普通高中学生的学科类培训机构的管理参照本意见有关规定执行。